糟《そう》糠《こう》の妻は
なぜ捨てられるのか

大西明美

プレジデント社

まえがき

かの有名な純愛を歌ったアーティスト、好感度抜群のマルチタレント、世界中にファンを持つ超一流俳優、長い下積みを経て時代の寵児となった芸人……彼らに共通していることがある。

「糟糠の妻を捨てた」という事実である。

糟糠の妻――。

それは、〈貧しいときから一緒に苦労を重ねてきた妻。「糟糠」は酒かすと米ぬか。貧しい食事の形容。「糟糠の妻は堂より下さず」とも常用される。貧しさを共にしてきた妻は、自分が富貴になっても大切にするという意〉である（『新明解四字熟語辞典』より）。

早い話が、**男は成功すると「下積み時代を支えてくれたパートナー」を捨てて、「もっといい女」を選ぶということだ。**

最近でいえば、独特な髪型が印象的な若手アーティストが、美人で売れっ子のタレントとの不倫に走ったことが記憶に新しい（結果として妻とも不倫相手とも別れることになったが）。

なぜこのように苦労を共にしてきたはずの「糟糠の妻」は捨てられてしまうのだろうか。「人それぞれだ」と言ってしまえば、それまでなのかもしれない。

だが、婚活アドバイザーとして過去20年間で４万３０００件以上の恋愛を研究し、これまでに１０００人以上の不倫カウンセリングを行った私なりに、その理由を多角的に解説していきたいと思っている。

いつの時代も一番不倫をしやすい年齢は30〜40代

一番不倫をしやすい時期、それは30代から40代にかけてである。子育ても落ち着いてきて、妻との関係もマンネリ化する時期である。

このとき、「俺は男として一生このままでいいのだろうか」という疑問を持つ。さらに考えが加速して、「生きている間、セックスをする相手は今後妻だけで本当にいいのだろうか」と行き着く人も少なくない。

そこにいい女が現れる。本能的に口説いてみたくなる。「俺はまだ男として大丈夫なのか」を試してみたくなる。恋に落ちる。

こうして、男は、自分が「まだ男である」ということを確認するように、女を抱く。

「人生50年」と言われた織田信長の時代もまた、30~40代で愛人を作る武将が多かった。しかし、多くは本妻と添い遂げていたそうだ。

一方で、現代は成功した男（以下、成功男と呼ぶ）が貧しいときを支えてきた「糟糠の妻」を捨てるケースは目に見えて増えている。一体なにが変わってしまったのか。

答えは、「人生50年」に隠されている。

人生80年によって、不倫の意味が変わってしまった

戦国時代ならば、30代で愛人と出会ったとしても寿命はあと10数年である。40代ならば、数年だ。「人生のロスタイム」に入っているといえる。

もちろん、正室、側室制度があったから、妻と愛人を両立しやすかったことで離縁をしなかったともいえるが、ロスタイムに本妻を捨てるということは、「晩節を汚す」のに等しい行為である。だから、多くの成功男は妻を捨てず、愛人とも楽しみながら死を待ったのである。

人生80年になってくると話は別である。30代ならば、あと50年近い人生が残っている。40代でも約半分である。

愛人との出会いは、「ロスタイム」ではなく「人生の第二ステージ」にあるのだ。

成功男たちは、ロスタイムのように、静かに死ぬのを待つような生き方に耐えられない。糟糠の妻を捨てることで、一時期世間から非難を受けても、人の噂も七十五日である。「残りの40年を楽しく生きるために耐えよう」と思うのも不思議ではない。

実際に国の統計調査によると、寿命が長くなるとともに、離婚率が上がっている。離婚原因はもちろんさまざまであるが、不倫で別れる割合は約2~3割ほどで安定しているので、不倫で別れる人数は増えているといえる。

そもそも不倫がなければ、糟糠の妻を捨てるというシチュエーションはない。

では、**今の時代は不倫をするのに最適な環境なのだろうか。**

残念ながら、**答えは「イエス」である。**

現代ほど不倫しやすい環境はない

1980年代まで、会う以外の連絡方法として電話は採用されにくかった。家の固定電話しかなかったからだ。これは愛人が手を出せるツールではなかった。

そこで、成功男たちは、愛人との連絡のために自動車電話を設置した。しかし自動車電話の通話料金は法外な価格であった。およそ6秒で10円もかかる。長電話をすれば、誰と話をしているのかと、妻から疑われる。

1980年代後半からコードレス電話が普及し、書斎にこもって愛人に電話をするという猛者《もさ》も現れる。しかし、本機にコードレス電話でのやりとりが聞こえる機能があるものも少なくなかったので、不倫相手と連絡を取るにはまだまだリスクが高かった。

1990年代後半、携帯電話とパソコンの普及で、家族に隠れて連絡できるツールが手に入ることになる。石田純一の「不倫は文化」騒動（本人は言っていないそうだ）の中で、着々と不倫がしやすい環境は整っていったのである。

しかし、まだまだ通話料金が高かったため、行き過ぎた長電話をすれば不倫がバレるリスクも高かった。

そのリスクを飛躍的に減らしたもの、それがスマートフォンの普及である。**LINEやスカイプを使えば、無料で通話ができる。メッセージのやりとりもできる。**しかもパスワードや指紋認証ロックで他人に見られないようにすることもできる。こうして通信機器の発達とともに、不倫を継続しやすい環境が整ったのだ。

その結果、糟糠の妻は「いきなり捨てられる」というリスクが高まったといえるのである。


第1章では、**後からやってきた第三者の女に大事なパートナーを取られないようにするにはどうしたらいいか**をテーマにしている。

第2章は、**なぜ成功する男が不倫にハマっていくのか**、そのメカニズムについて解説し、次の第3章では、**パートナーのいる男の略奪に成功した「最強の女」たちの正体をひもと**

いていく。

第4章は、**糟糠の妻を捨てる男を見分ける方法**だ。どんな男が「捨てるタイプ」で、どんな男が「捨てないタイプ」なのかについて検討していきたい。さらに第5章では、「**捨てられないためにやるべきこと**」を具体的に提示したいと思っている。

一転して第6章では、**不倫された糟糠の妻が取るべき行動**について書いた。なにもしなければ突然捨てられてしまい、その後の生活に困窮しかねない。そのようなことを起こさないためにできることを解説したい。

最終章となる第7章では、**糟糠の妻を脱却し、「新・糟糠の妻」へと進化する方法と可能性**を模索した。これからも成功した男のパートナーであり続けるために、あるいは自分も働いて1つの世界を極めるために、私たちができることとは……ぜひ参考にしていただきたい。

もくじ

第1章　男は成功すると、支えてくれた女を捨てる！

第2章

成功男が愛人を作るメカニズムを解き明かす

第3章 糟糠の妻をおびやかす「最強の女」の正体

第4章

捨てる男と捨てない男の違い

第5章
妻への不満、愛人への満足感

第6章 成功男に愛人が現れた! そのとき妻が取るべき対処法

第7章 糟糠の妻よ、最強の妻となれ！

第1章

男は成功すると、支えてくれた女を捨てる！

青山のパーティに現れた成功者たちの末路

「社会貢献」を謳う成功者に惚れ惚れ♡　でも実際は……

その日、**青山でベンチャー企業の成功者が集まる立食パーティがあった**。

参加者の年収は少なくとも3000万円は超えていて、1億円から10億円以上稼いでいる人たちが中心に集まっていた。

年齢はおよそ40歳前後で、集まった50人のうち、45人が男性だ。私を含む5人の女性たちは、あちこちお酒をつぎに回っていた。


事件は突然起きた。

「おまえ、もういっぺん言ってみろや！」

42歳のトオルさんが、同じく42歳のカツヤさんに向かって怒号を浴びせたのだ。

な、なんだなんだ？

私は持っていたビール瓶をテーブルにドスっと置いて現場にそそくさと向かった。

カツヤさんも負けてはいなかった。

「社会貢献したいからビジネスやってるなんて嘘だろって言ってんだよ！」

「俺はおまえとは違う！　金儲けしたいんじゃない。金は結果としてついてくるだけだ」

「それは金儲けしたいと思って頑張った結果だろ？　俺とおまえはなにも違ってない！」

うわー、一触即発だ。いつどちらが手を出すかわからないぐらいの緊張が走った。

トオルさんと、カツヤさんは同い年でどちらもインターネット事業を立ち上げ、１億円を超える年商をあげていた。妻と子ども２人の４人家族、東京在住という共通点もあった。


違っていたのは、ビジネスに対する考え方だけだった。

トオルさんは社会に貢献していくためにはもっとお金が必要だ。自分が世の中で与えられた役割を最大限果たしていきたい。だからビジネスを拡大しなければならないと主張する。

一方、カツヤさんは金持ちになってもっといい車に乗りたい。それに大きな家も建てたい。だからもっと稼がなければいけないのだと言った。

この両者のビジネスに対する意見の違いが、言い争いに発展したということだった。

まもなくパーティの主催者が仲裁に入った。

「はいはい、喧嘩両成敗ね。これ以上やられると一番困るのは主催した俺なんだよ。申し訳ないけど、ここは俺に免じて2人ともおさめてくれないかな」

男は、メンツを出されると弱い。すぐに喧嘩はおさまった。

私を含めた女性陣はその話を聞きながら、「社会貢献だなんて、トオルさん素敵！」と惚れ惚れしていた。

「やっぱり、私利私欲のために稼ぐ人より、みんなの役に立つ人になろうとするほうがいいよね」と**女性たちの意見は全会一致**となった。

あれから7年後。この２人はどうなったのか。

「社会貢献！」と高らかに言っていたトオルさんの会社は、拡大の一途をたどっている。**なんとプライベートでは、妻子を捨てて若い愛人に走った**。それ以来、子どもには一度も会えないでいるらしい。

「贅沢したいぜ！」と言っていたカツヤさんの会社は、トオルさんほどではないが、順調に成長している。あの**事件後に、さらにもう１人の子宝に恵まれ、妻と子ども３人の５人家族で幸せに暮らしている**。

一見すると、信じられない話である。

社会に尽くしたいと言っていたトオルさんが妻子を捨てて愛人に走り、即物的なカツヤ

さんが家庭円満だなんて……。

しかし、これは世の中で頻繁に起こっている現実なのだ。

社会貢献をする男性が妻を捨てたきっかけ

「トオルさんが社会貢献したいというのは、嘘だったのではないか」

あなたはそう考えるかもしれない。

違う。そうではなかった。

彼は、あのパーティからわずか半年後に、環境問題関連のNPO法人を立ち上げた。本業で儲けたお金をNPOに投じ、現在も積極的に取り組んでいる。

このNPO法人の立ち上げが、結果的に家庭崩壊を招くことになった。

トオルさんの妻はNPO法人を作ることに反対をしていた。それは、トオルさんが**会社のお金ではなく、私財を投じて作ると言い出したから**である。

当時、2人目のお子さんが生まれて1年も経っていなかった。

「あなた、子どもが生まれたばかりなのに、どうしてうちのお金を持ち出すなんて言うの？」

妻は怒り心頭だった。家事と乳飲み子に追われていたのだ。どちらの両親も遠方で暮らしていたため、子育てを助けてくれる人はいなかった。

そんな**彼女の社会とのつながりは唯一トオルさんだけだったのだが、夫は朝早くに家を出て、夜遅くまで帰ってこない。**

「今やらないといけない。きれいな水が飲めなくて毎日何万人もの子どもが世界中で死んでいるのを知っているだろ？」

トオルさんは、自分に子どもが誕生したことをきっかけに命のことを考えるようになっていた。無事に子どもが生まれ、育つことはあたりまえのことではない。新しい命の誕生はなにものにも代えられない喜びがある。

「きれいな水が世界中に行きわたれば、たくさんの幼い命を助けられる」

そう考えたのだ。

だから、彼は今この瞬間にそのＮＰＯをやりたかったのである。

「じゃあ、私たちの子どもはどうなの？　今ですら家にいないのに、そのうえ新しい事業だなんて……。しかも、これから子育てにお金がかかるのに、なんでうちのお金を持ち出すのよ！」

「会社だと、いろいろしがらみがあるんだよ。社員の理解も必要になるし。カオリなら理解してくれると思ったのに。もういい、自分でなんとかするから」

彼は妻の反対を押し切って、ＮＰＯを立ち上げた。お金は独身時代に蓄えていた貯金を使った。

そして歳の差14の〝許されぬ恋〟へ

久しぶりの事業の立ち上げに、トオルさんはワクワクしていた。

「今の会社を立ち上げたのはもう10年前だもんなぁ。若いころを思い出すわ」

収入源がない今は、社員に給料を出せない。ボランティアスタッフを募集することにした。そこに、28歳でアメリカから帰国したばかりの女性、ツキコさんがやってきた。

彼女は、ワーキングホリデーという制度を使って、働きながら世界中を旅していた。偶然見つけたボランティアスタッフ募集のチラシを見て、応募してきてくれたのだった。

「私、アフリカも何カ国か行きましたが、確かに水に苦労しました。だから御社の理念にとても共感しています。語学は、英語のほかに、フランス語、中国語もできます。今は貯金もありますし、無償でも頑張りますよ！」

「ありがとう！　すぐに軌道に乗せて、お給料を払えるようにするね。とりあえず事務全般をざっくりお願いします」

トオルさんは、純粋にこの出会いが嬉しかった。やっと分かち合える仲間ができたのだ。

家庭では、「いつも私の話を聞いてくれない」「少しは子育てに参加してよ」とプレッシャーをかけられる毎日。社員は、「気まぐれにＮＰＯなんか作っちゃって」と白い目で見てくる。

そんな孤独から解放された喜びは計り知れない。

まもなく2人は恋に落ちた。トオルさんには妻もいるし、生まれたばかりの子どももいる。つまり、歳の差14の許されない恋だった。

しかし、ダメだダメだと思えば思うほど、2人の関係は離れがたいものになっていった。


それから半年を過ぎたときのことだった。

「トオルさん……。実は……アレが来ないの」

「アレって、もしかして……」

「私、赤ちゃんができたかもしれない」

愛人は避妊薬なんて飲んでいなかった

ツキコさんのおなかの中には新しい命が誕生していた。

「あ、俺の子どもより1学年下だな」とボソッと彼は言った。

「なに言ってるの！　この子もあなたの子よ！」

「ご、ごめん。びっくりしちゃって」

なぜだ。彼女にはピルを飲んでもらっていたはずなのに。

……あ、もしかして！

そういえば、彼女がピルを飲んでいるところを俺は見たことがない。

「とにかく、私、産むから。あなた、奥さんと別れてね」

彼女はそう言って、１人ホテルを後にした。

当時、妻のカオリさんとの関係はさらに悪化していた。

この日のようにホテルに宿泊することも増えた。顔を合わせば罵《ののし》られる毎日。

「あなたは夫としても父親としても失格よ！」と泣き叫ばれることも珍しくない。

このままいけば、**夫婦関係が最悪なまま愛人が子どもを産むという事態に陥る。不倫や不祥事にうるさい世の中だ。世間にこんなことを知られては、評判はがた落ち、事業だって危うくなる。**

「事業のためだ、仕方がない。俺にはまだやるべきことがある」

彼は、妻にすべてを話した。

関係は悪化していたとはいえ、カオリさんはその場でへたり込んでしまった。

「あなたは、まじめだけが取り柄だと思っていたのに。愛人が妊娠って……20年前のあなたは一体どこに行ってしまったの？」


カオリさんとは大学時代からのお付き合いだった。25歳で結婚し、28歳のときにトオルさんはビジネスを開始した。当時はまだ子どもがおらず共働きだった。

「あなたが失敗しても、私がいるから大丈夫だからね」

カオリさんが夫を支えた。まさに絵に描いたような「糟糠の妻」である。


しかし、**目の前の夫はそんなカオリさんを裏切り、愛人との間には子どもまで作ってしまった**のだ。

カオリさんは、すぐに荷物をまとめて、赤ちゃんを連れて家を出た。

トオルさんは今に至るまで彼女と子どもたちには一度も会えていない。


弁護士を通して協議離婚が成立した。トオルさんは慰謝料、養育費は相手の言い値を全面的に受け入れたので、スムーズだった。その翌日、ツキコさんと入籍。

現在は、専業主婦となったツキコさんと2人の子どもと暮らしている。**ただし、トオルさんには、職場に新たな愛人もいる**という。

古い女を捨てて デキ婚していく成功者たち

「今年中に結婚する」と言っていた2人が……

ある日、ポストを見たら結婚式の招待状が入っていた。

男友達のマサルさんの名前が書かれていた。

「おお、ついにハルナちゃんとゴールインか！」

当時マサルさんは28歳。ヘッドハンティングされ外資系企業で１５００万円もの年収を得ていた。ハルナちゃんは３つ年上の31歳。大手企業でマーケティングの仕事をしていた。

実は、マサルさんは大学を出ていない。しかし持ち前の頭のよさと英語力で道を切り開いた努力家だ。ハルナちゃんは、マサルさんが大学を中退したときに合コンで知り合った。2人はお付き合いを開始し、まもなく同棲を開始した。

ハルナちゃんはマサルさんを経済的に支えた。今のマサルさんがあるのは、ハルナちゃんのおかげともいえる。

「あれっ？　ハルナちゃんじゃない？」

私はマサルさんの隣に書かれている女性の名前を見た。こんな名前知らない。誰？

ビリビリっと封筒をやぶり、封を開けた。

「このたび結婚をすることになりました」

あたりまえだけど、やっぱり結婚式の招待状だ。

「あれ、半年ぐらい前に確か２人に会ってるよ、私」

１人ボソボソとつぶやきながら、頭を抱えた。

あのとき、「今年中に結婚する」って言ってた。間違いない！

一体なにがどうしたのか。私はマサルさんに電話をして事の真相を聞いた。すると、そこには思いもよらぬ展開が待ち受けていたのだった。

〝栄転〟が引き金となって別れることに

マサルさんとハルナちゃんは、この10年近く何度も付き合ったり別れたりを繰り返していたという。同棲をしながら出ていったり戻ってきたりと、なんと忙しいカップルなのか。

ただ、最後の喧嘩は少し今までとは意味合いが違っていたという。

急にマサルさんのイギリス本社への転勤が決まったことが引き金となった。

「私、イギリスになんて行かないわよ！」。ハルナちゃんは、彼に啖呵《たんか》を切った。

「ええ!?」

もう結婚も決まっているのに!!

「マサル、あなたはいつもいつも私の意見を聞かないで勝手に決めてしまう。私にだって都合がある。今大事なプロジェクトがあるの。簡単にやめられない」

「う、うそだろ……」

マサルさんは、目の前がまっくらになった。**夢の本社勤務を喜んでもらえないなんて……。**

断って日本にいる選択をしたら、もう二度とチャンスはやってこないだろう。

「話し合う余地もなさそうだな」。いつものように、マサルさんは家を出た。

5回目の同棲解消から2カ月後、マサルさんは部下のメグミさんと深い関係になっていた。

きっかけは同僚との飲み会だった。

「俺、彼女とまた別れたんだよね」

酔いも回ってきたところで、彼は自分のプライベートをカミングアウトした。

事情をすべて話した後に、一緒に飲んでいたメグミさんが言った。

「私が彼女だったらマサルさんのことを全面的に応援するのに。彼女、ひどいです」

「えっ。ひどいのは俺のほうじゃないの？　仕事のために彼女を捨てているのに？」

マサルさんは、驚いて思わず聞いた。


ずっと同棲を解消したことを後悔していた。**2人でもう少し話し合うとか、転勤を遅らせてもらうとか、なにかしら方法があったんじゃないか**と思い始めていた。**まさか自分ではなくハルナちゃんのほうが「ひどい」なんて。**


「だって、マサルさん大出世じゃないですか。私たち後輩の失敗の責任を被ってくれたこともありましたよね。マサルさん、私たちのせいで出世できなかったらどうしようって思っていました。だから、マサルさんのアメリカ行きが決まって、私は本当に嬉しいんです。それなのに……」

メグミさんは、目に涙をためた。こうしてマサルさんは恋に落ちたのだ。

やはり、アレが来ない

男の人はどうしてかくも同じ罠にはまるのか。

ピルを飲んでいたはずのメグミさんに、子どもができてしまったのだ。


しかし、彼女は思いもよらないことを言った。

「マサルさん、私は今回は諦める」

「えっ⁉　なんで？」

マサルさんは彼女の意外な発言に驚いた。

「だって、私が子どもを産んだら、マサルさんに迷惑がかかるもん」

目に涙をためた彼女をマサルさんは、抱きしめた。

「そんなに俺のことばかり考えなくていいんだよ！　結婚しよう！」


こうしてマサルさんはメグミさんと結婚することになったのだ。

「寝技」でノックアウトする女は普通にいる

彼女がいようと、既婚者であろうと、なんとしてでも成功した男性と結婚したいという女性は後を絶たない。

つまり、成功した男性をパートナーにする女性はいつまでも安心できない。

もちろん、すべての男性が寝技の誘惑に負けるのではない。

一時的に誘惑に負けても気を取り戻して元の家庭に戻る男性だっている（女性がそれを許すかどうかは別として）。

しかし、**戻ってこない男性が一定の割合いる。それは、あなたのパートナーかもしれない。**

では、後からやってきた女に大事なパートナーを取られないようにするにはどうしたらいいか。

男の世界がガラッと変わる！〝年収1000万円の法則〟

糟糠の妻を捨てる分かれ目は「年収1000万円」

第一におさえておかなければならないこと、それは〝年収1000万円の法則〟である。

【年収1000万円の法則】
男性は年収1000万円を超えると見える景色もまわりも変わる

具体的にいうと、次の3つのものが順番に変化していく。

①仕事の質
↓

②まわりの評価

↑

③モテる力（モテカ）

①仕事の質とは、職務上の責任の重さのことである。報酬の高い仕事ほど責任を伴う。動かすお金も、任される権限も大きくなっていく。

そうすると、まわりの評価が変わってくる。

最初は「大きな仕事をしてすごい」と、**その人の働きっぷりが評価される**。その評価が積み重なっていくことで「あの人はできる」と、**仕事内容のみならず人物そのものが評価されるようになる**。

もちろん、妻は大喜びだ。仕事もできて年収も高い男性を嫌いな女性はいない。ましてや自分の夫なら最高だ。

問題は③というフェーズに入ってからだ。

そう、男性が急にモテ出すのである。

先ほども書いたが、女性は仕事ができて、高年収の男性が大好きである。

特に1000万円というのは大きな意味を持つ。

普通の人は4桁には乗らない。文字どおり、桁外れなのだ。

私は結婚相談所を経営しているが、その中で一番リクエストが多いのは、やはり年収関連の希望である。

また、インターネットの**恋人マッチングサイトでは、年収1000万円を超えると40代であっても一日に20人も30人も女性からお見合いの申し込みが来る。**それも半数は20代女性だという。

高年収なら「既婚者でもいい!」という若い女性もいる。

図は、コンドームで有名な相模ゴム工業株式会社が2013年1月に20代から60代の男女1万4100名に調査をしたものだ。

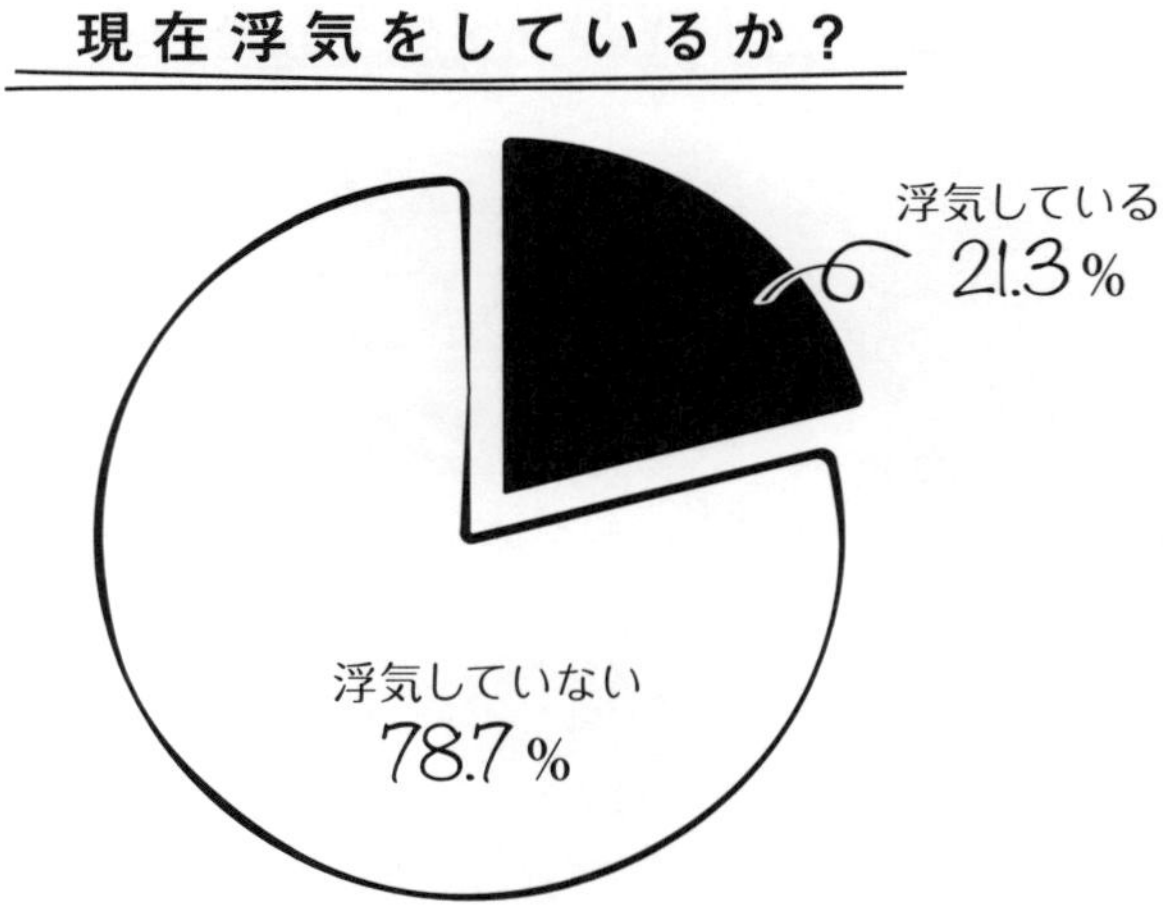

なんと、「パートナーがいながらも浮気をしている」という割合が、21・3％にも上ることがわかる。

5人に1人がパートナー以外の誰かと関係を持っているということになる。

さらに恐ろしいデータがある。

それはインターネットサイト『しらべぇ』がインターネットリサーチ「Qzoo」を使って調査した、「絶対バレないなら浮気してみたい人の割合【年収別】」だ。

同調査によると、**年収が高くなればなるほど浮気の欲求が高くなっている**ことがわかったという。

しかも、**年収1000万円以上の人のうち**

絶対バレないなら浮気してみたい人の割合【年収別】

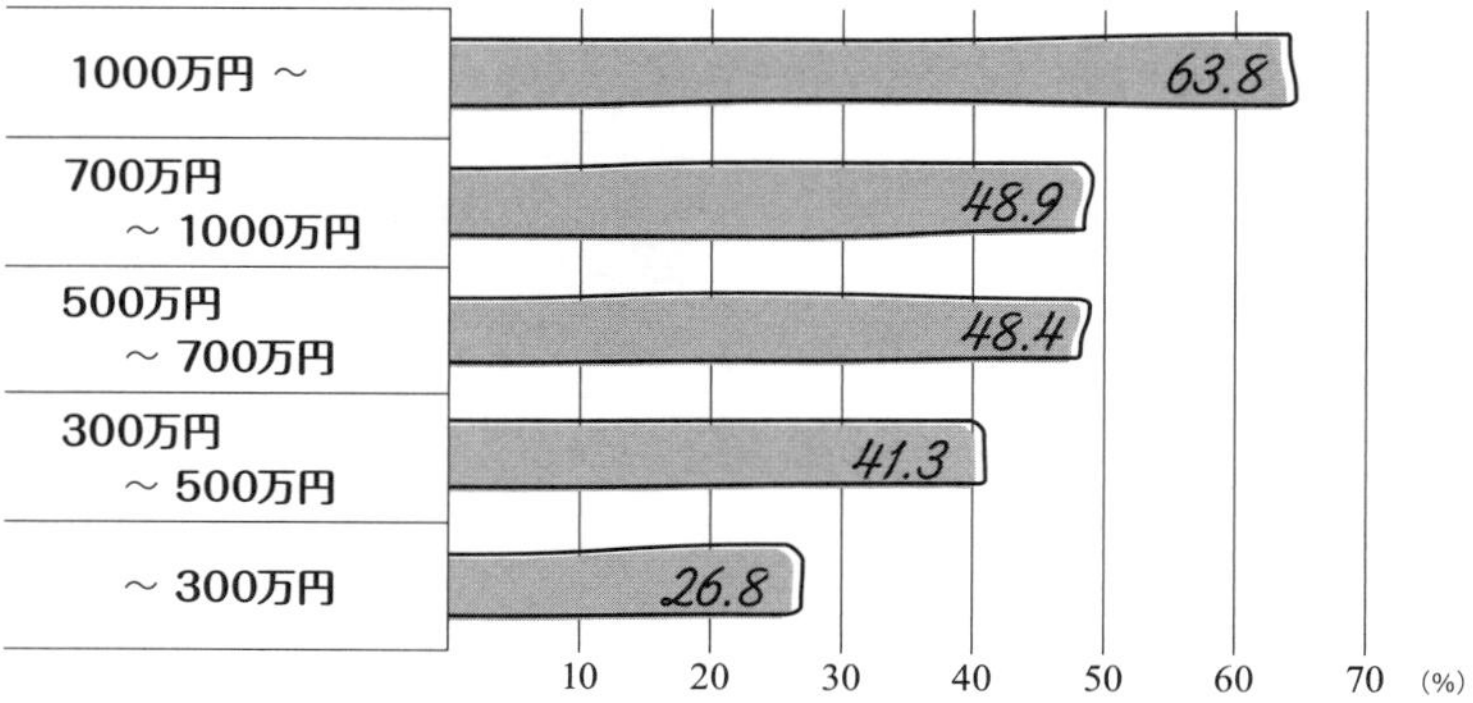

インターネットサイト『しらべぇ』内
「【調査】絶対にバレなかったら浮気する？ 年収1000万以上は驚異の割合！」より

6割以上が「絶対にバレなければ浮気をしてみたい」と答えているのだ。

この調査には女性も含まれているが、国税庁の「民間給与実態統計調査（平成26年）」によると、年収1000万円以上の人のうち女性は8%ほどだ。

つまり、年収1000万円ゾーンの回答は、男性の総意だといっても過言ではないということなのだ。

ここで1つの疑問がわいてくる。

「どうして男性は年収が高くなると、浮気をしたくなるのか」というものだ。

「不倫をしたくなる理由」のトップ5とは？

不倫をしている人だけを集めてアンケートをすれば、その理由が浮かび上がってくるだろう。しかし、それは現実的に不可能だ。

そこで自社調べになるが、延べ１０００人以上の実際の不倫相談をもとにして、ランキングを作ってみた。

その結果がこちらだ。

1位　満たされない性生活（セックスレスなど）
2位　パートナーが自分を十分に理解してくれていない、受け入れてくれない
3位　パートナーに対してはできない性癖がある（SMや赤ちゃんプレイなど）
4位　パートナーとのセックスが退屈
5位　夫婦以外で新しいプレイを探求したい（3P、乱交、スワッピングなど）

いずれも年収1000万円以上稼ぐ男が抱きやすい理由だ。詳しく見ていこう。

これらの理由は大きく2つに分けられる。**1位と2位は「時間的制約」に伴う理由。3位以下は「過剰なエネルギー」に伴う理由**である。

成功男は仕事が終わった後も、交際や接待などで忙しい。「日付が変わらないうちは家に帰らない・帰れない」という生活を送っている人も少なくない。

すると、家で妻とセックスをするタイミングやきっかけを失いがちだ。セックスだけではない。話をする時間も減ってしまう。

こうして**心身ともにコミュニケーションを取る機会がなくなってしまう**。よって、性生活もパートナーからの理解も、満足できるレベルから遠く離れていってしまう。こうして1位「満たされない性生活」や2位「パートナーが自分を十分に理解してくれていない、受け入れてくれない」といった不満が上位にくるのである。

この2つの理由は、決して仲違いによるものではない。あくまで多忙なためである。だから、たとえ夫婦仲がよくても、それとは関係なく不倫したくなる点が恐ろしい。

３位以下は、一見すると単なるエロというか変態プレイ好きに見えなくもない。

しかし、そもそも変態プレイへの衝動の源は「過剰なエネルギー」である。

有り余ったエネルギーで自分がおさえられなくなる前に、その欲求を満たしてくれる相手と変態プレイを楽しむ。それにより自分のバランスを保つのだ。

とはいっても、この２つの理由だけで不倫をすることはできない。忘れがちな要素が１つある。**不倫は１人ではできない。必ず「女性」が必要となる**点だ。

これらの客観的なデータに婚活アドバイザーとして４万ケース以上の恋愛を研究してきた私自身の経験を加味し、浮気の危険性を方程式にしてみることにしよう。

不倫の危険性は方程式で計算できる！

不倫の危険性＝（時間的制約（家にいる時間が少ない）＋過剰なエネルギー）×女性

この方程式で注目してほしいことが３点ある。

1つは、時間的制約がたとえゼロ、つまりたっぷり家にいたとしても、**夫に過剰なエネルギーが残っていれば、不倫の危険性はゼロにはならない**ということ。数分あれば、セックスができる絶倫男はたくさんいるし、1時間あれば何度もできるという猛者を私は何人も知っている。

2つ目は、**過剰なエネルギーがたとえゼロであったとしても、これもまた浮気の危険性は依然として残る**という点だ。外にいる時間が長ければ出会いの機会も増えるし、恋するエネルギーは維持されるといえる。


最後の3つ目は前の2つとは、性質が異なる。

「女性」の要素がなければ、不倫の危険性はゼロである。

だから前の2つの要素は足し算なのに対し、「女性」に関しては掛け算なのだ。

ここで言及する「女性」とは、女性ならば誰でも該当するわけではないことも重要なポイントだ。

では、夫の心を奪ういわば「泥棒女」たちは一体どこにいるのか。

夫に忍び寄る「泥棒女」の正体

泥棒女の6割はごくごく身近にいる！

次ページの図を見てほしい。既出のコンドームで有名な相模ゴム工業株式会社が2013年に調査したデータのうち、「セックスフレンド、浮気相手とはどこで出会いましたか?」という項目の結果である。
注目すべきは4位までの項目だ。

1位　同じ会社……21・4％
2位　友人の紹介……16・4％
3位　友人……13・9％
4位　同じ学校……10・3％

セックスフレンド、浮気相手とはどこで出会いましたか？

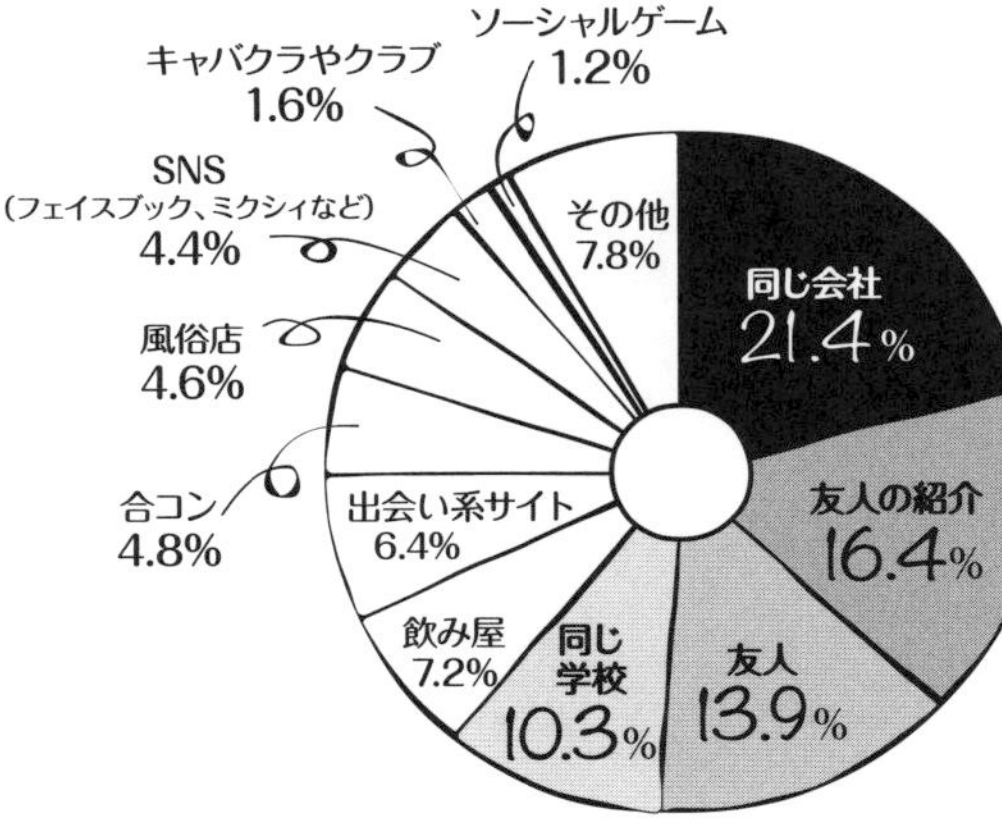

1位の同じ会社というのは当然の帰結だ。**年収1000万円男性が一番輝くのは仕事をしているとき**だからである。

それを証明するかのようにプライベートな姿を見せる飲み屋系や合コンはわずか数%だ。

これらの場所では、〝仕事ができるアピール〟や〝高年収アピール〟をすればするほど、「口ではなんとでも言える」「ビッグマウス」「自慢話」などと片付けられがちである。

このようにテキパキと仕事をこなし、実績をあげている姿が手に取るようにわかる**会社と飲み屋のトークでは、モテ方がまったく異なる。**

意外なのが2位の答えかもしれない。「友人の紹介って、どういうこと⁉」と言いたくなる。「友人」そのものよりも多いことに驚愕《きょうがく》させられる。

「結婚しているのに、友人が愛人を紹介することがあるのか……」と背筋が寒くなってきさえする。

４位も侮れない。できる男性は意識が高く、社会人になった後も勉強をし続ける。

ところで、**成功し続ける男とそうでない男の差**は、なにかわかるだろうか。

ひと言で表すと「**知識の仕入れ量**」である。

成功を維持できない男性は、今持っている自分の知識だけで儲けようとする傾向を持つ。だが、誰しも持っている知識は無限ではない。だから時代が変わったり、知識が枯渇《こかつ》すると途端に衰退していく。

一方、**本当にできる男性は、自分の知識が枯渇しないよう成功している間も学び続け、新しい知識を入れていく**。だから時代から置いていかれないし、さらなる成功をおさめる。

しかし、**学ぶ場である学校が不倫相手との出会いの温床になっていようとは**……開いた口が塞《ふさ》がらない。

こうして見ると、成功する男性を泥棒女に取られるリスクは日常の中にある。職場にも、友人関係にも、そして学ぶ場所にも泥棒女は存在する。ああ、恐ろしい。

〝チャラ男〟ほど不倫のリスクが低いってホント!?

逆の意味でびっくりさせられたのが、**キャバクラやクラブでの出会いで不倫になる割合がわずか1・6%しかない**点だ。

はっきりいって、夜の女性たちの見た目は泥棒女だ。妻からすれば、彼女たちは「敵」に見えやすい。しかし現実はそうではない。むしろキャバクラやクラブで遊んでいる時間には、不倫のきっかけが生まれにくいのである。

そう考えると、遊ばせておいたほうが逆に安全ともいえる。

このように**見た目が素朴で、昼間普通に生活をしているなんでもない女性のほうが「泥棒女」となる危険性が高い**とは、意外な結果である。

だからといって、夫の人間関係をすべてチェックすることは現実的ではない。先ほども触れたが、できる男性でいてもらうためには、会社での頑張りや積極的な学びが必要だ。監視するのは、夫の将来の足を引っ張りかねない。

では、妻は一体どうすればいいのか。それを知るヒントとして、次の章ではさらに突っ込んで、「成功する男性が不倫にハマっていくメカニズム」について解説をしていく。

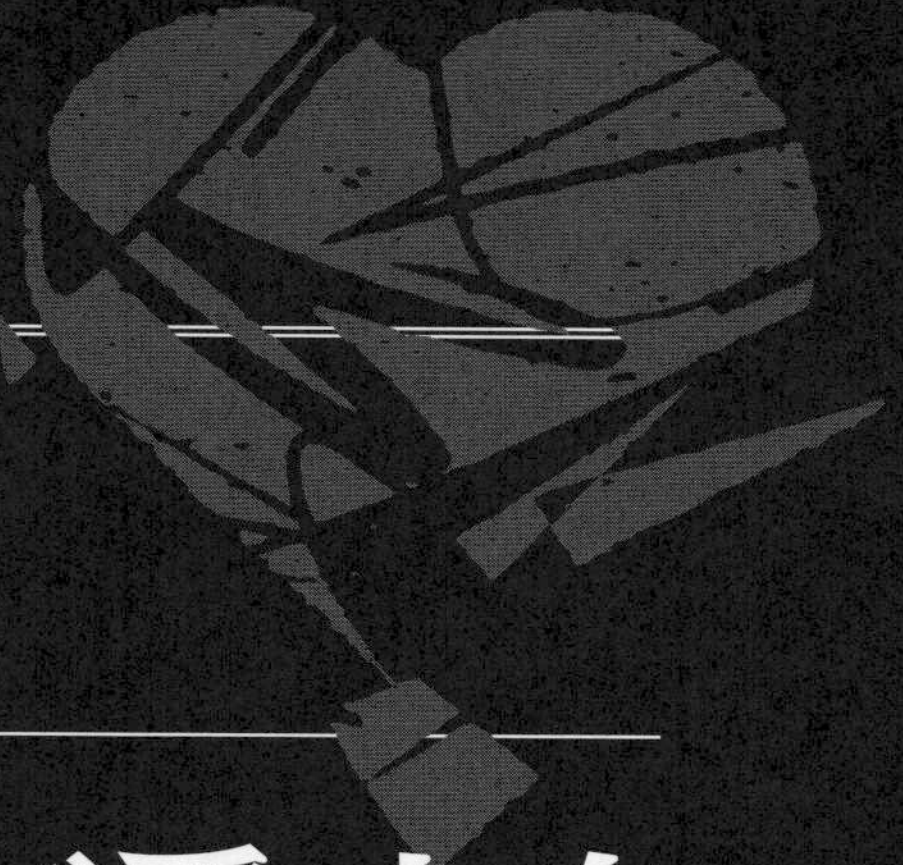

第2章

成功男が愛人を作るメカニズムを解き明かす

成功男が1人の女（妻）では満足できなくなるメカニズム

成功男を不倫へと駆り立てる「過剰なエネルギー」

第1章では、不倫の危険性を方程式で表した。

不倫の危険性＝（時間的制約（家にいる時間が少ない）＋過剰なエネルギー）×女性

方程式の中でわかりにくい要素がある。それは、「過剰なエネルギー」である。詳しく見ていこう。

過剰なエネルギーとは、ひと言で表すと「**やる気がずーっと続いている状態**」のことだ。

たとえば、100メートルトラックを全速力で走るとする。普通の人はもちろん100

メートルしか全速力で走らない。しかし成功する人は違う。ゴールを過ぎても走り続ける。「もっとゴールがほしい」と常に次なるゴールを目指し続けてしまう。それだけ体力や気力が有り余っているのだ。

このエネルギーが泥棒女との出会いで〝不倫パワー〟へと変貌を遂げる。

これが過剰なエネルギーの怖さだ（このエネルギーの本質については、第5章でさらに詳しく見ていく）。

ところで、どうして普通の人が持っていないエネルギーを成功男は持っているのだろうか。それは、成功男にしか得られない武器、「男の三種の神器」を持っているからだ。

不倫パワーを増幅させる「男の三種の神器」

男の三種の神器とは次ページ図のとおり、ずばり「**お金**」「**名声**」「**モテ力**」である。

成功男は、仕事ができる。まわりの評価が上がり名声となる。同時にお金を稼ぐ力も高まる。

名声もお金もほしいままにする男性を女性が放っておくわけがない。

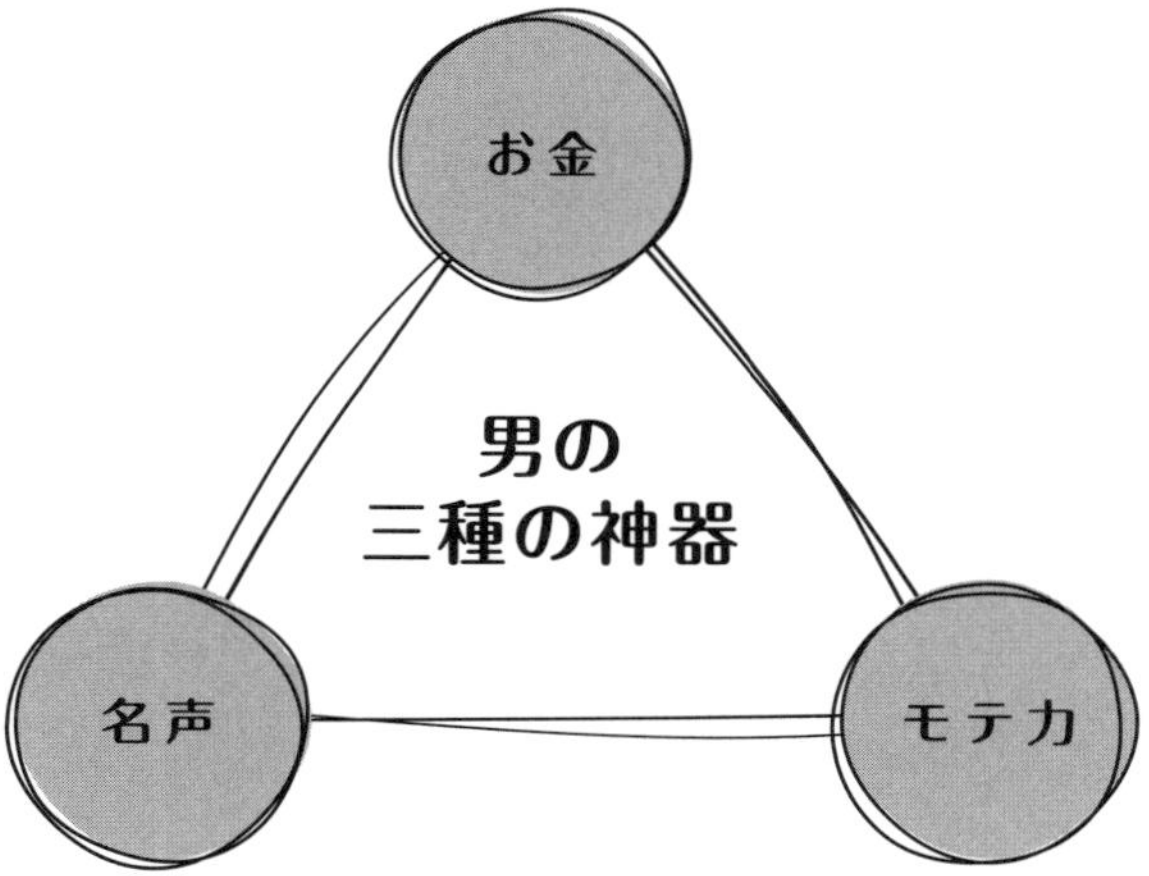

こうして成功男は、男の三種の神器をババッと得られるというわけである。

ここまでで話が済めばハッピーエンドだ。家庭は経済的に豊かになり、夫はより魅力的になり、そんな成功男を夫に持った女性は、羨望の眼差しを向けられる。妻にとってこれ以上に嬉しいことはない。

しかし、この話には残念ながら続きがある。

男の三種の神器が生み出す悲劇

妻にハッピーをもたらす**男の三種の神器（お金、名声、モテ力）は、ある段階に来ると、成功男に刃を向け始める。**

お金によって、できることが増える。名声

によってプライドが満たされる。モテ力により、優越感が高まる。三種の神器はこうして成功男の中にエネルギーを生み出していく。

エネルギーというのは溜め込んではいけない。

エネルギーは必ず熱を帯びているので、発散先がなければ、その熱で自分自身を燃やし始めてしまうからだ。

するとどうなるか。

すべてを手にしても退屈を持て余し、うつ症状を引き起こしてしまう。一気に燃え尽き、無気力になる危険性も高くなる。かえって成功を維持できなくなる。

溜まったエネルギーの発散先として不倫が選ばれる

そのエネルギーの発散先として選ばれるのが、残念ながら不倫なのである。

ここで疑問になるのが、「なぜ妻とのセックスがエネルギーの発散先にならないのか」ということ。妻とのセックスでエネルギーが発散できれば、誰も悲しむ人がいないはずだ。

残念ながら、**妻とのセックスは「愛情を確かめ合い、分かち合うもの」になることが大半なため、必要なだけエネルギーを発散することはできない。**

むしろ成功男にしてみれば、余計エネルギーを与えられてしまう可能性すら持っている。

一方、恋愛は、思い通りにいかない。

だから相手の気を引いたり、ベッドインに持ち込むためにあらゆることを考え、手を尽くす。

さらには、妻にバレてもいけない。アリバイを考えたり、セックスの後の証拠を消去したりと後処理も大変である。実に〝**スリル満点**〟だ。


これらの行程を考え、実行に移すだけでも多大なエネルギーが必要になる。

皮肉にも、これらのイケナイ行為がうまくいっている間は、燃え尽き症候群から身を守ることができる。

そう考えると、**富と名声を手に入れてしまった成功男が愛人を持ち始めるのは、生命を維持するための本能なのかもしれない**とも思えてくる。

この推測を裏付けるかのような出来事を私は10数年の恋愛・結婚相談業で経験してきた。

とても言いにくいことだが、この書籍を書くきっかけにもなった話なので紹介したい。

年収３０００万円以上の男性の９割に愛人がいる

それは、私が出会った年収３０００万円以上の男性の９割以上に「愛人がいた」という事実だ。

あくまで私の実体験による数字だが、**年収１０００万円以上なら３割、年収２０００万円以上なら５割程度の男性に愛人がいた。**

そして**年収３０００万円以上となると、その割合は９割以上**にも上っている。

仕事として相談を受けているので、普通よりは幾分割合が高いのかもしれないが、それにしても年収３０００万円以上で９割の男性に愛人がいるというのは、異常値としか思えない。

なぜ年収３０００万円なのだろうか。

年収３０００万円あれば、不動産をのぞけば、だいたいほしいものを躊躇《ちゅうちょ》なく買うことができるようになるからだ。

結婚相談業をしているからわかるけれども、はっきりいって女性はお金に弱い。正確にいうと、男性の「お金の使い方」に弱い。

「私のためにここまでしてくれるなんて！」と女性を感動させることができれば、たいてい恋愛は成就する。

つまりは年収3000万円の男性は女性を十分に満足させられるので、不倫の恋を成就させやすいのだ。

お金では人の心は買えないけれど、お金の使い方次第では不倫に持ち込むぐらいは朝飯前になる。それが可能になるのが、年収3000万円なのだ。

と、ここまでたっぷりと不倫の話をしてきたが、すべての不倫が家庭を崩壊させるわけではないことも事実だ。ほとんどの男性は愛人を作りながらも〝伝書鳩〟のように最終的には妻のもとに帰ってくる。

一方で、本書冒頭の2つの例で示したように、不倫が引き金となって、男性が家庭（糟糠の妻）を捨て、愛人のもとへ行ってしまうケースも少なからずある。

その差はどこにあるのか、一体どういう妻が捨てられてしまうのかについて、次に検証していきたい。

捨てられる糟糠の妻には3つのタイプがある

捨てられる糟糠の妻が持つ特徴とは？

私がこれまで10数年相談業をしてきた中で、夫を奪われた糟糠の妻のタイプは大きく分けて3つある。

1つ目は、「**木綿のハンカチーフ妻**」だ。簡単にいえば、「昔のあなたがよかった」と夫の成長を認めないタイプの妻である。

2つ目は、「**無意識でつかんだ玉の輿妻**」。無意識というべきか、無自覚というべきか、とにかく気づいたら夫と釣り合わない状態になっている妻を指す。

最後が、「**捧げ尽くす妻**」である。とにかく捧げることばかりに頭が行って、結果として成功した夫から与えられることを素直に喜べない妻のことだ。

この3つを1つずつ事例にそって見ていくことにしよう。

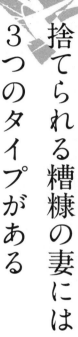

タイプ①夫の成長を認めない「木綿のハンカチーフ妻」

もう随分古い歌になってしまうが、1975年に発売され大ヒットした『木綿のハンカチーフ』という歌がある。

端的にいうと、男性が就職をきっかけに都会の街へと旅立つ。一方、女性は田舎で彼を待ち続ける。しかし彼は次第に都会人へと成長していく。それを女性が「あのころのあなたがよかったのに」とメッセージを伝え続けたところ、結果的に男性が女性を捨ててしまう。そういうストーリーになっている。

歌を聞くたびに、**「素直に都会で成長していく彼を認めていれば、こんな悲しい別れはなかったのでは」**と心の中でついつっこんでしまう。ハンカチで涙を拭うぐらいなら、「あなた素敵！　すごい！」って褒めていたらよかったじゃないか、と。

男性は、いつでも「尊敬されたい」という願望を持っている。だから**「昔のあなたがよかった」というメッセージは、努力してきた成功男には屈辱的**なのだ。

人間は痛い思いをしたくないので、そういう女性とは本能的に距離を置いてしまう。だから、「昔のあなたがよかった」なんていうメッセージは、男性には禁句《タブー》なのである。

タイプ②夫と釣り合わなくなる「無意識でつかんだ玉の輿妻」

これはある意味悲劇というか、不運な出来事に関連している。自分が想像した以上に夫が成長してしまった場合だ。３つのケースの中で最悪かもしれない。**妻には落ち度がない**からだ。

実際に受けた相談の中から一例を紹介する。35歳のクミコさんは、同級生の夫ヒロシさんと６歳の娘ミドリちゃんの３人で暮らしていた。

ヒロシさんとはファストフード店のアルバイトで出会い、７年の交際を経て28歳で結婚した。クミコさんは結婚を機に高卒フリーターを卒業、翌年に娘のミドリちゃんを出産。このとき、ヒロシさんは大手外資系証券会社で年収２０００万円近くに達していた。

それから3年後、一家に転機が訪れる。

ヒロシさんが勝手にタワーマンションの契約をしてきたのだ。そのことがきっかけで2人の関係はおかしくなっていった。

クミコさんはタワーマンションのセレブな住人とまったく馴染《なじ》めずにいた。そのことを夫に相談したところ、「しょうもないことを言うな。俺が一生懸命働いて贅沢をさせてやっているのに」と取り合ってもらえなかった。

ヒロシさんがこんなに社会的に成功するとは、クミコさんは思ってもいなかった。自分は大学も出ていない。教養もない。フリーターしかやったことがない。**あまりにも2人の世界がかけ離れていくことに嫌な予感がしていた。**

予感は的中した。ある日、突然ヒロシさんが「娘を置いてここを出ていってくれ。君の経済力では娘は育てられないだろう」と離婚をつきつけてきた。

クミコさんは「もしかしたら」と思って探偵を雇ったところ、ヒロシさんには同じ会社に愛人がいることがわかった。それも27歳でモデル体型、才色兼備の女性だった。

ヒロシさんはクミコさんよりも若くてきれいで知的な女性との結婚を強く望んだ。

離婚調停中にクミコさんの就職が決まり、娘をヒロシさんに取られることはなかったが、離婚は避けられなかった。


素敵な男性と結婚をすれば、ハッピーエンドのように思えてしまう。

しかし、**糟糠の妻は、男性が望む世界に馴染めなければ、男性が望む世界にいる愛人女性に略奪される危険性が高い**のだ。

タイプ③夫から与えられることを素直に喜べない「捧げ尽くす妻」

これは、芸能ニュースでよく芸能人が袋叩きにされる事例に多い。

下積み時代を支えてきたアーティストの妻が、夫のアーティスト活動が成功したと思ったら愛人に略奪されてしまうといった話だ。


すでに書いたとおり、成功男は過剰なエネルギーを抱えている。発散しないと燃え尽きてしまうから、エネルギーを放出できる先を求めている。

しかし、下積みから捧げ尽くすことしかしてこなかった妻の中には、夫から与えられることに戸惑いを感じる人も少なくない。

なぜなら、**捧げるほうが捧げられる側よりも立場が強くなる**からだ。

「ありがとう」と言われることに生きがいを感じてきたのに、自分が相手に言い続けなければいけない。もう自分は相手に「ありがとう」と言ってもらうことができない。

そのフラストレーションで、**夫から与えられることを喜べなくなる妻もいる**のだ。

こうなると、夫は素直に「ありがとう」と言ってくれる愛人を探し始める。

そのときに出会う愛人は、「成功男」になった時点で近づいてきている。

はっきりいって、あざとい。

しかし、**夫の今のニーズに応えられるのは、このあざとい女性**だ。

見返りを求めず捧げ尽くした女性が、こうして捨てられるのは本当に悲劇だが、現実には頻繁に起こっている出来事だ。

「男の成功曲線」でわかる糟糠の妻が飽きられる理由

成功男が楽しいと思うツボは、成長過程によって変わる

夫に捨てられてしまう3つのタイプの糟糠の妻には、実は共通点がある。

それは、**夫にとって「つまらない存在」になっていること**だ。

成功男は、基本的に上昇志向が強い。

「もっともっと成功して人生のステージを上げたい」と野心に満ち溢れており、努力を惜しまない。

だからといって、まっすぐ順調に成長をするということはない。

必ず成長過程で試練がある。

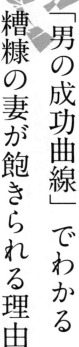

男の成功曲線

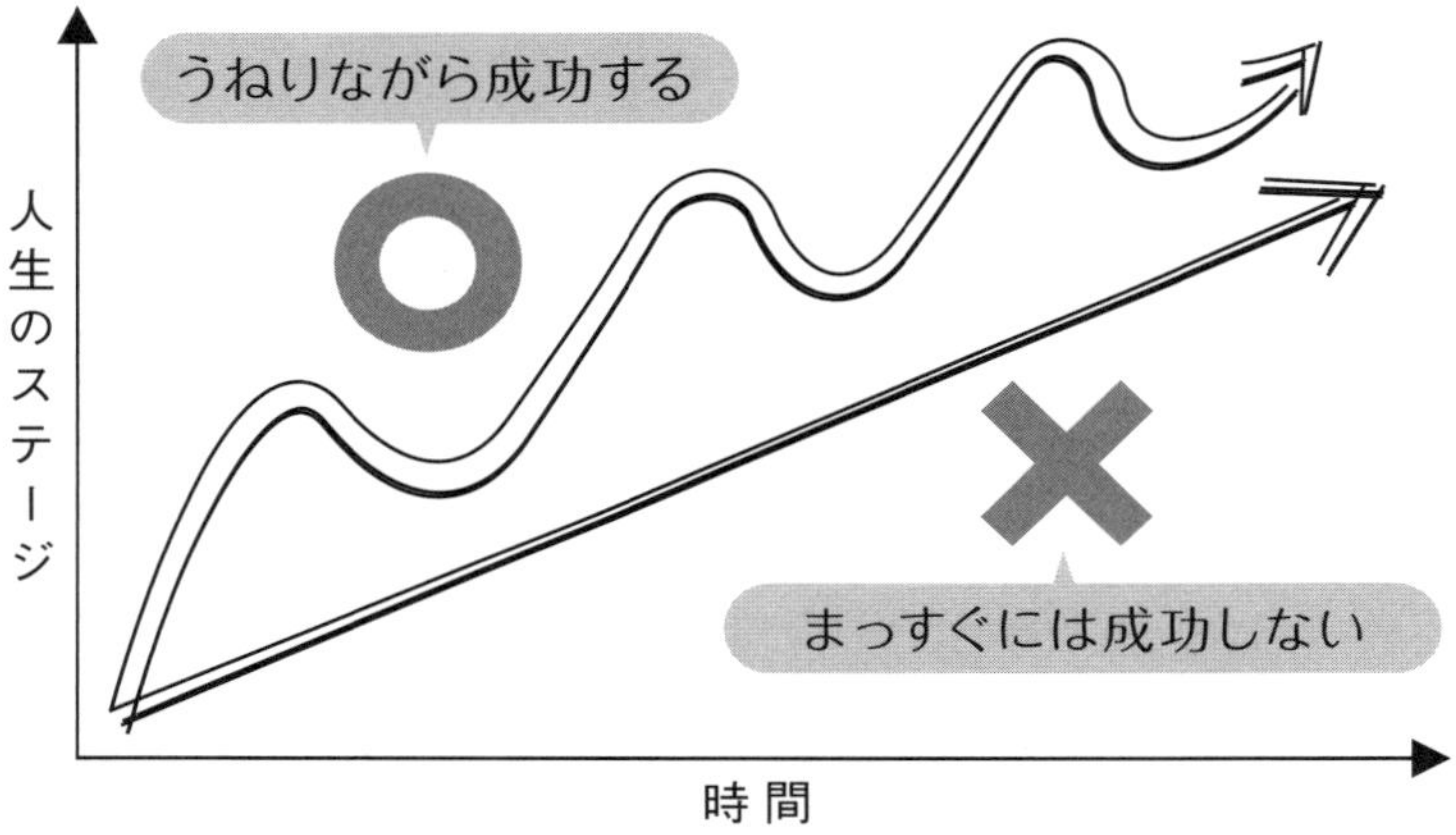

そこを乗り越えることで人生のステージを上げていく。

図で表すと上のようになる。

彼らは、現在自分が置かれている人生のステージでの楽しみを享受したいと考える。

一方、捨てられるタイプの糟糠の妻たちは、夫に合わせられない。

ある一定のところでとどまろうとする。

「木綿のハンカチーフ妻」の場合を見てみたい。それは次ページ図のようになる。

夫の人生でいえば、初期のステージでしか楽しめない妻になってしまうことがわかる。

挙句の果てに「昔のあなたが好き」だなんて言ってしまう。

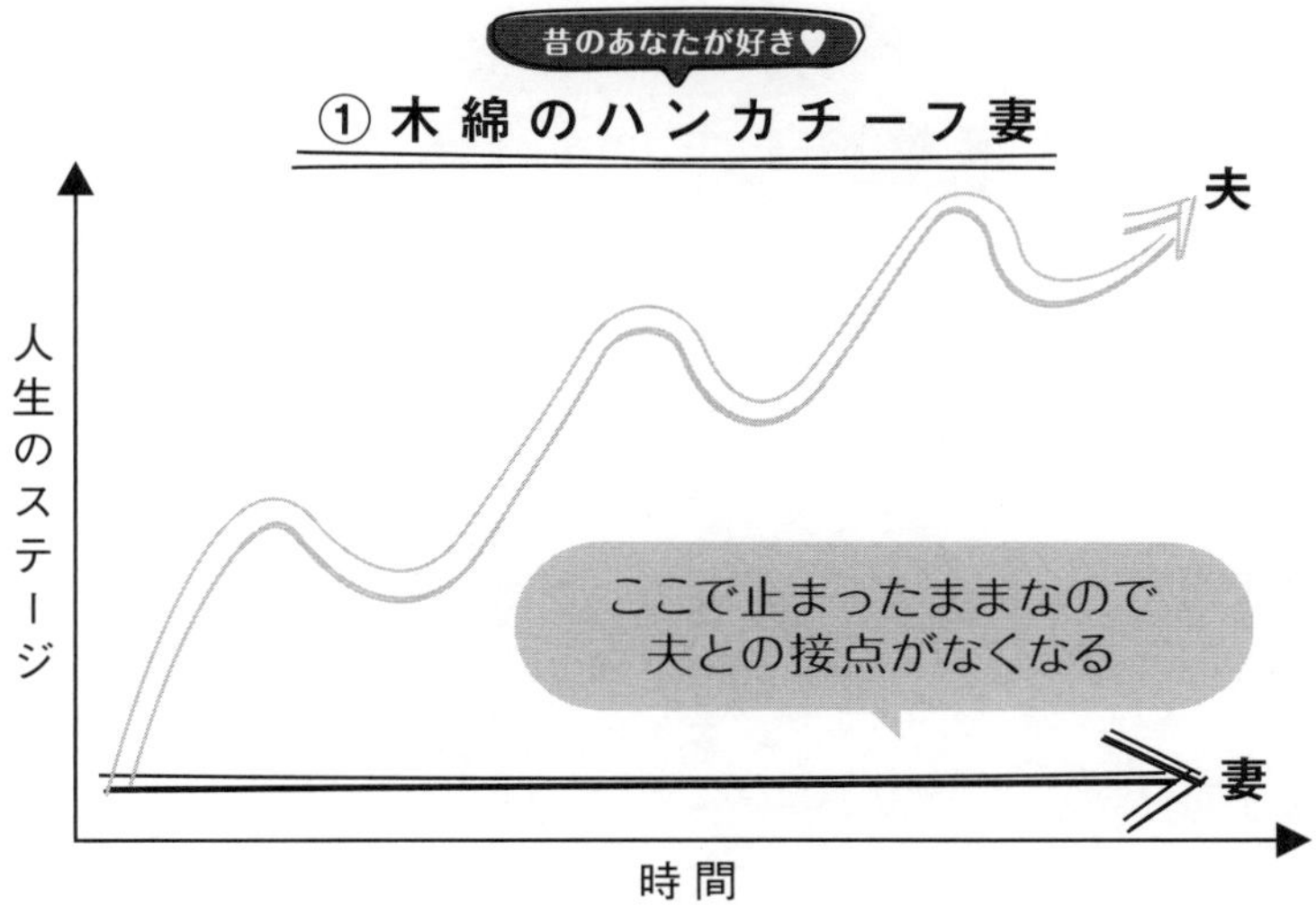

だから夫はほんの少し成功するだけで、すぐに「この女（妻）はつまらない」と感じ始める。

「**無意識でつかんだ玉の輿妻**」の場合は、次ページの図のようになる。

結婚当初は釣り合っていた2人が、夫の成功により妻が理解できなくなるパターンだ。**夫の成功は嬉しいのだけれども、彼のステージを理解できない。そのことで、夫は家庭で孤独を感じ始める。**

その埋め合わせをするために自分を理解してくれる愛人を求めるというものだ。

この妻が捨てられやすいタイプの中でも最も同情すべき存在だ。

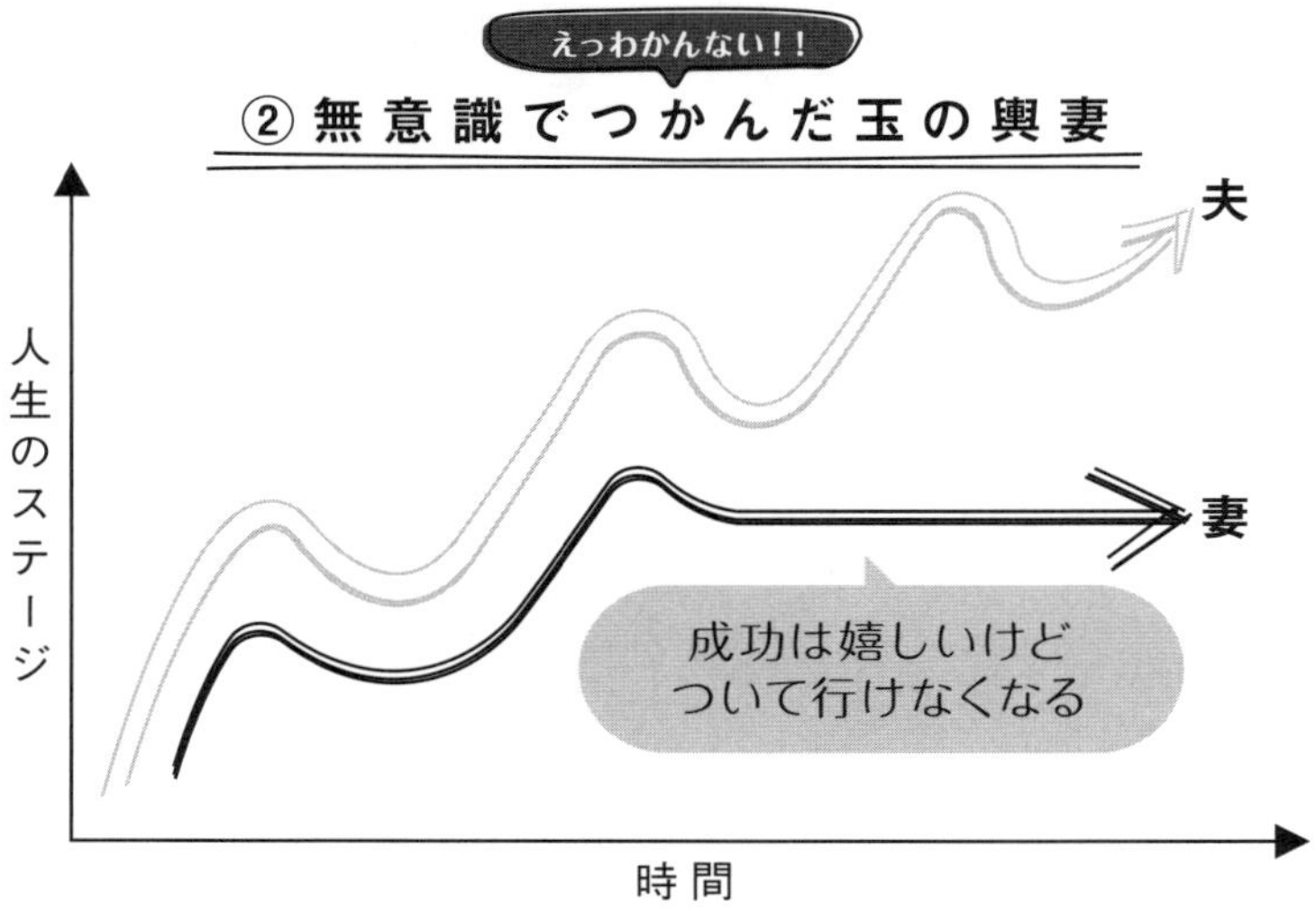
えっわかんない！！
② 無意識でつかんだ玉の輿妻
人生のステージ
夫
妻
成功は嬉しいけど
ついて行けなくなる
時間

ほかの2つのタイプは、夫を理解するのを途中で拒否するので自業自得という側面もある。

それに対し、この無意識でつかんだ玉の輿妻タイプの場合は、理解しようとしているのにもかかわらずできないからだ。

最後は、次ページの図で表したような「**捧げ尽くす妻**」の場合だ。

ある意味では、このタイプには最もなりたくない。

捧げ尽くして捨てられるなんて最悪だ。

ほかの2つのタイプと違う点は、最初は妻のほうが人生のステージが高いことだ。

妻が下のステージにいる夫に手を伸ばして引っ張り上げることをイメージするとわかり

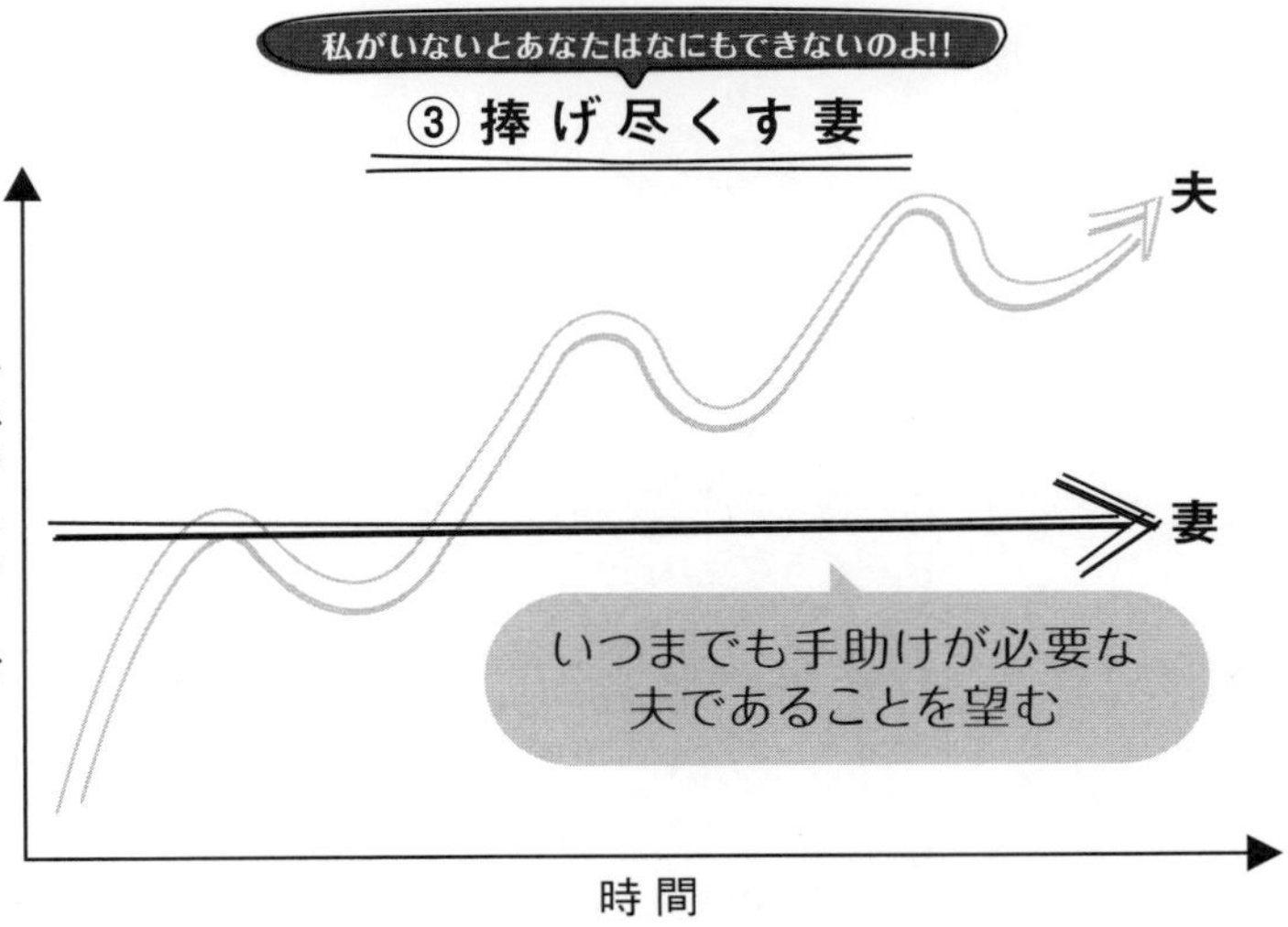

やすい。

ところが（だからこそと言うべきか……）、夫に追い抜かれることを受け入れたがらない。**いつまでも手助けが必要な夫であることを望む。**

夫が成功した後も「私がいないとあなたはなにもできない」とつい恩着せがましいことを言ってしまう。

どちらにしても、夫婦間で人生のステージにギャップができてしまうため、夫は妻との時間を楽しめなくなるのだ。

以上、成功男に捨てられやすい3タイプの妻を紹介したが、**該当しているからといって必ず捨てられるわけではない**。たとえ夫が浮気の常習犯だったとしても、である。

何度も浮気をする男が家庭を捨てる男ではないワケ

ほとんどの愛人は成功男を略奪できない

たとえ**成功男が不倫をしたとしても、必ずしも家庭を捨てるわけではない**。むしろ糟糠の妻を捨てるケースのほうが少ない。愛人よりも妻を取る。

実は、これも成長曲線で説明することができる。

次ページの図を見てほしい。

愛人は自分が求める成長ステージよりも上におり、なおかつさらに上昇する兆しのある男性と交際を開始する。

しかし、前にも書いたとおり、男の成長は直線では進まない。全体的には成長しても、やはり落ち込むときもある。

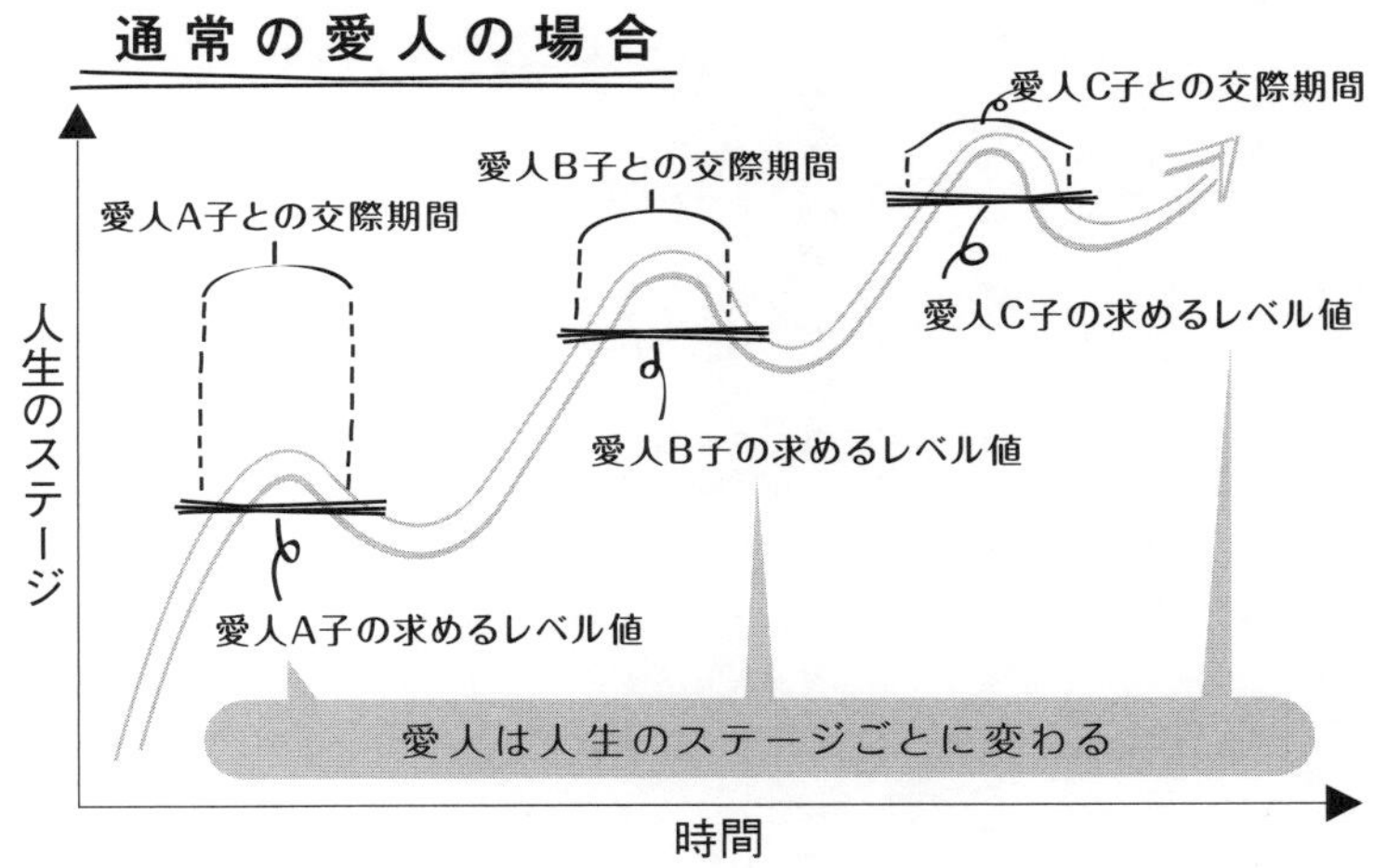

その落ち込み具合が愛人の満足するレベルを下回った場合に、彼女たちは去っていく。

落ち目の男と付き合うなら不倫のメリットはない。成功男と交際を目指す愛人もまた上昇志向が強いから、落ち目だと思ったら交際に終止符を打つのだ。

成長男はいつも挑戦をしている。

だから、一般男性よりも下降トレンドが頻繁にやってくる。

ほとんどの場合、**愛人が家庭を奪うまでに至らないのは、「男が落ち目になったときに辛抱しよう」という気持ちが彼女たちにないから**である。

これが通常の愛人には家庭まで略奪できないメカニズムなのだ。

ということは、愛人は**成功男の上昇トレンドで現れては下降トレンドで消えて、また上昇したとき、新たに現れている**といえる。

かくして「何度も浮気をする成長男」が生まれるのである。

成功男が愛人に求めるものは家庭ではない

そもそも、**成功男は、愛人と家庭を作ることなんて最初から望んでいない。**

妻の代わりに**恋愛やセックスで自分の中にある熱いエネルギーを注ぐ相手になってくれることを渇望しているの**だ。

だからといって、単にセックスができたら満足というわけではない。

セックスだけが目的であれば、わざわざ浮気相手に身近な人間関係を選ぶことはない。

身近であればあるほど、不倫がバレるリスクは高くなるのに、どうして身近な人間関係を選ぶのか。それは、体だけではなく、**精神的な部分も受け止めてくれる相手**を成功男が望んでいるからである。

体内に溜まった過剰なエネルギーを落ち着かせてくれる役割、いわば成功男の〝クーラー〟となることが愛人に求められる役目なのだ。


とはいっても、妻から成功男の略奪に成功する愛人も世の中には少なからずいる。

そうした場合、略奪したという結果だけを受けて、「最初から夫が家庭を捨てる覚悟でお付き合いしたんじゃないの？」と思われるかもしれないがそうではない。

スタートは数ある一過性の愛人関係と変わらない。


つまり、略奪した女性には、成功男の心を一気に愛人へと傾けさせた〝なにか〟があったのだといえる。

その〝なにか〟を持っている愛人女性のことを「**最強の女**」と呼ぶことにする。

次の章では、夫の略奪に成功した「最強の女」たちの正体をひもといていく。

第3章

糟糠の妻をおびやかす「最強の女」の正体

「最強の女」が夫を奪う典型的なパターンとは？

「ごめん、好きな人ができたんだ……」

ある午後8時のことだった。エイコさんはいつものようにハンバーグにラップをかけた。日付が変わるまで今日も夫は帰ってこないだろう。

リビングでは、小学校6年生の息子ケンタくんがテレビを見ている。パチン。エイコさんはテレビの電源を落とした。

「8時までって約束でしょう。もうお風呂に入って寝なさい」

「……はぁーい」。しぶしぶとケンタくんはパジャマを手に取ってお風呂場に向かった。

ケンタくんは来年中学校受験を控えており、週4回の塾通いをしていた。エイコさんはそのため送り迎えに追われていた。

「ふぅ」。エイコさんはダイニングの椅子に座った。

「玉の輿に乗ったと思ったのになぁ」とため息をついた。

エイコさんの夫、マサヒコさんは42歳。結婚生活は今年で15年目だ。友達の紹介で2人は出会い、結婚をした。

かつて銀行マンだった夫は、事情はよくわからないが、現在は出向先で経理部長として働いている。**3年前に夫から「もしかしたら大幅に年収が下がるかもしれない」と告げられた。これから子どもに学費がかかる。エイコさんは、「ケンタの受験に影響しないようにしないとね」と言った。**

「……そうだな」とマサヒコさんは少し寂しそうな表情を浮かべながらひと言だけ返した。このとき、その表情の意味をエイコさんは理解することができなかった。

「ただいま」と玄関から声がした。まだ午後9時にもなっていない。こんなに早く帰ってくるのは、何カ月ぶりだろうか。

「はぁい」とエイコさんは座ったまま玄関に向かって大きな声で答えた。

夫は、いつものようにハンバーグを電子レンジに入れ、冷蔵庫からビールを取り出した。その間にエイコさんは炊飯器からごはんをよそった。

「エイコ、話があるんだ」。冷蔵庫を見つめたまま彼は言った。

「え、なに〜?」。エイコさんは彼の背中に視線を送った。

「ごはんを食べてから言うよ」

こうして〝最後の晩餐〟が始まった。

「俺さ、実は銀行に戻れることになったんだ」

「えー! 本当に!?」

これで、ケンタくんの学費の心配をしなくて済む。ほっとしたそのときのことだった。

「**それで……離婚してくれないかなと思って**」

「えっ」

「ごめん、好きな人ができたんだ……」

職場にいた! 夫をつかんで放さない「最強の女」

やはり一**番怖いのは同じ職場の人間**だ。マサヒコさんの愛人もまた部下であった。年齢は同世代の独身女性。若いとはいえない相手だった。

2人の関係は、マサヒコさんがメーカー中堅企業A社に出向して3カ月もしないうちに開始した。**きっかけは残業**だった。

出向してまもなく、仕事に慣れていないマサヒコさんは毎日夜遅くまで仕事をしていた。

「くそ！　くそ！」。マサヒコさんはオフィスに1人になったときに、机の上を殴った。

同僚の中には、銀行の支店長になった人もいる。本社勤務となった管理職候補もいる。

あいつらと能力はなにも変わらないのに、なぜ俺だけ……！

そのとき、目の前にルミさんが立っていた。いつも残業をしているマサヒコさんに差し入れをしようとコンビニへ行って帰ってきたところだった。

「あ、すみません。部長」。気まずそうにルミさんはマサヒコさんに栄養ドリンクを渡した。

「ありがとう」。2人は沈黙したまま一気に飲んだ。ゴクゴクという音だけが静かなオフィスでかすかに響いている。

「マサヒコさん、ここで仕事をするのお辛かったのですね」

「いやっ、そんな……」

「だって、さっき机をぶん殴ってたから」

「ぶん殴るって」。2人は、目を合わせて笑った。

「そうだ、部長。いいことを教えてあげますよ。たぶんすごく仕事がやる気になることですよ」

「え、なに？」

「前任の部長さんは結局退職してしまったけれど、その前の部長さんは銀行に戻っていきましたよ」

「ほんとに？」。そういえば、前任者のことしか気にしたことがなかった。この状況は絶望的だと思っていたけれども、もしかしたら……！

「前々任の部長は一体なにをやったんだい？」。今や、ルミさんは一筋の光だ。

「どこに融資をすれば利益が上がるのかを徹底的に研究していました。普通はコスト削減しか考えないじゃないですか。そこが大きく違いましたね。部長なら、大丈夫。きっとやれますよ！」

「ありがとう！」

マサヒコさんはルミさんを思わず抱きしめた。

「部長？」。ハッとしてすぐに体を離した。

「ごめん、嬉しくてつい。これセクハラだよね」

「はい。でも今のは許してあげます。それじゃ、頑張りましょう！」


マサヒコさんは朝から夜遅くまで仕事をした。隣にはいつもルミさんがいた。辛いときも、苦しいときもルミさんが隣でサポートしてくれるから頑張ることができた。そして2人は恋愛関係に発展していく。帰宅時間は次第に遅くなっていった。


そして3年後。A社の収益はうなぎ上りとなり、仕事ぶりが認められたマサヒコさんは再び銀行に戻れることになった。

「俺と結婚してくれないか？」。銀行に戻るのが決まった日、マサヒコさんはルミさんにプロポーズをした。

「妻には不動産も全財産もやる。慰謝料だってこれから払う。それに来年は子どもが私学受験だ。子どもの学費は最後まで払うつもりだ。はっきりいって俺はなにもない中年男になる。それでもよければ……」

「もちろん、私はあなた以外なにもいりません」

こうして、2人は莫大な慰謝料を支払い、財産を失い、ケンタくんの学費を払いながら新しい生活を始めている。そしてマサヒコさんは現在大手都市銀行にて管理職候補となっている。

〝妻より愛人〟を決定的にした言葉とは？

マサヒコさんとエイコさんの**夫婦関係は冷え切っていたわけではなかった**。セックスレスということもなかったし、土日は家族で過ごす時間を大切にしていた。

しかし、マサヒコさんはそんな家庭に寂しさを感じていた。きっかけは、やはり出向である。

もしかしたら、銀行に戻れないかもしれない。ずっと銀行一本で働いてきた彼は不安でいっぱいだった。それにこれからケンタくんの学費もかかってくる。私立中学受験をさせたところで、大学まで出してあげられるだろうか。

そんな不安を抱えながらも、妻に出向の事実を告げた。妻は銀行のことなんてなにも知らない。でも、こう言ってほしかった。

「大丈夫よ、あなた」。このひと言がほしかった。

しかし、冒頭で書いたように、エイコさんが放ったのはこのひと言だった。

「ケンタの受験に影響しないようにしないとね」

この言葉を聞いたとき、マサヒコさんは心の中がくすぶった。

俺がどんなに辛いのかわからないのか。なんでケンタばっかり。俺は家族にとっては、単なるATMなのか。

そんなフラストレーションも加わって会社の机を叩く日々を送っていたときにルミさんが現れたのだ。

「部長なら、大丈夫」。このひと言が彼の凍った心を溶かしたのだ。

自分の頑張りもそして将来の見通しも期待して、信じて応援してくれる人がいる。彼は**「誰も自分を理解してくれない」という孤独から解放されたと同時に、マサヒコさん一家の崩壊はカウントダウンを迎え始めた**のだった。

「最強の女」が糟糠の妻から夫を奪うメカニズム

普通の愛人と最強の女のアプローチの違い

家庭から夫を略奪する愛人というと、どうしても私たちは極悪人のイメージを持ってしまう。しかし、少し考えるとわかることだが、夫が極悪人に惚れるわけがないのである。

家庭を壊し、経済的基盤に影響を与えたという点で妻にとっては極悪人だが、夫にとっては極悪人ではなく運命の人なのだ。

前章で紹介したとおり、不倫が成就することはまれである。それは、愛人が「この人は落ち目だな」と判断すると去っていくケースが多いからだ。

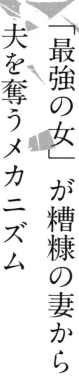

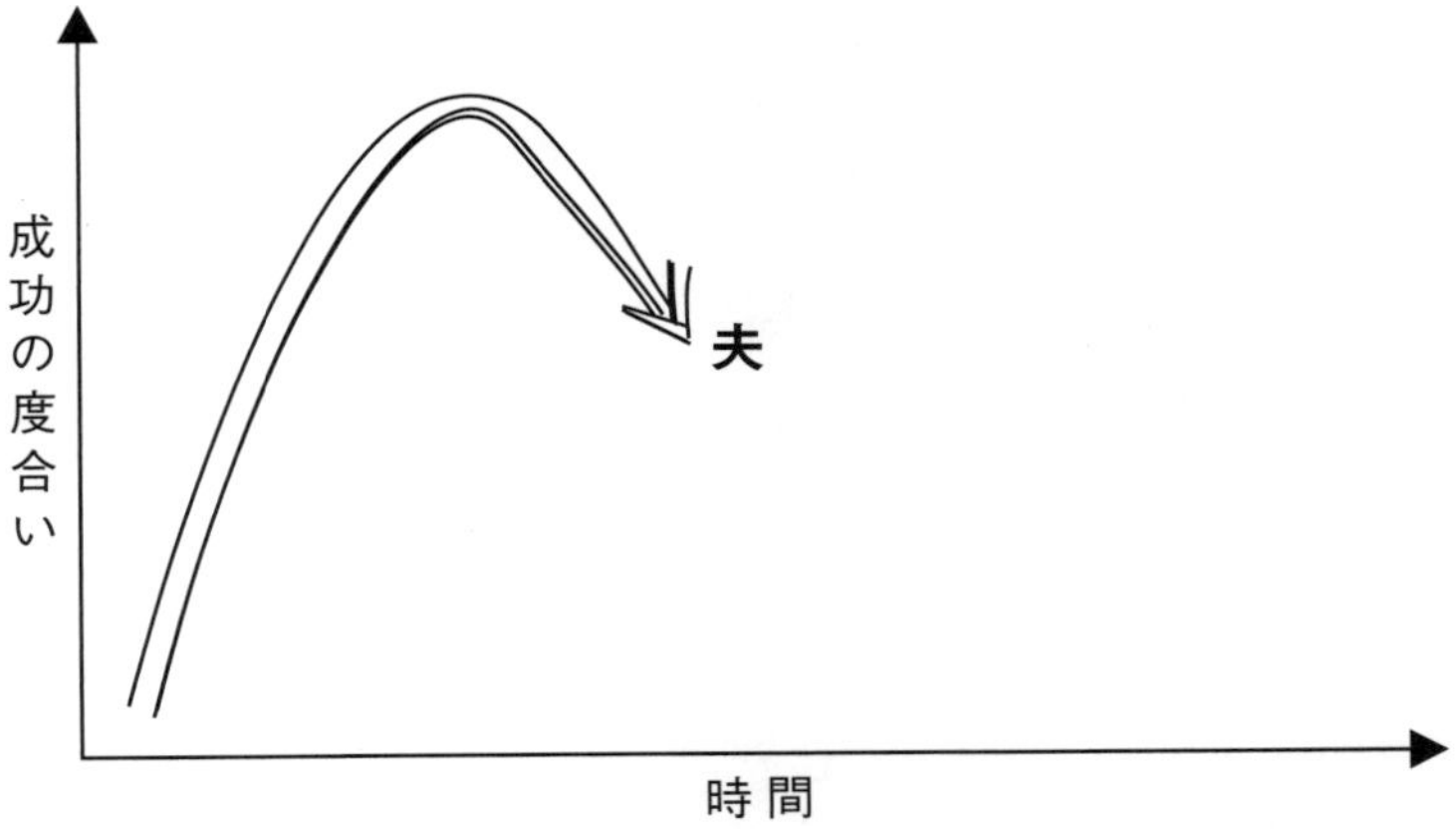

最強の女はそんな普通の愛人とは違う。なにが違うのか。

68ページの図を見直してほしい。男の成功曲線である。正比例のように順調に成功するのではなく、試練を乗り越える、つまりうねりながら成功していく。繰り返しになるが、一時的に落ちることがある。

要はこういうことだ。上の図が一時的に落ちた図である。

普通の愛人はこのとき、どのように考えるのか。次ページの図にある点線部分に注目してほしい。

ここで描いた点線にあるように、彼女たちは**「ああ、この人のピークもここまでか」**と**成功男の成功の度合いが落ちていくことを予**

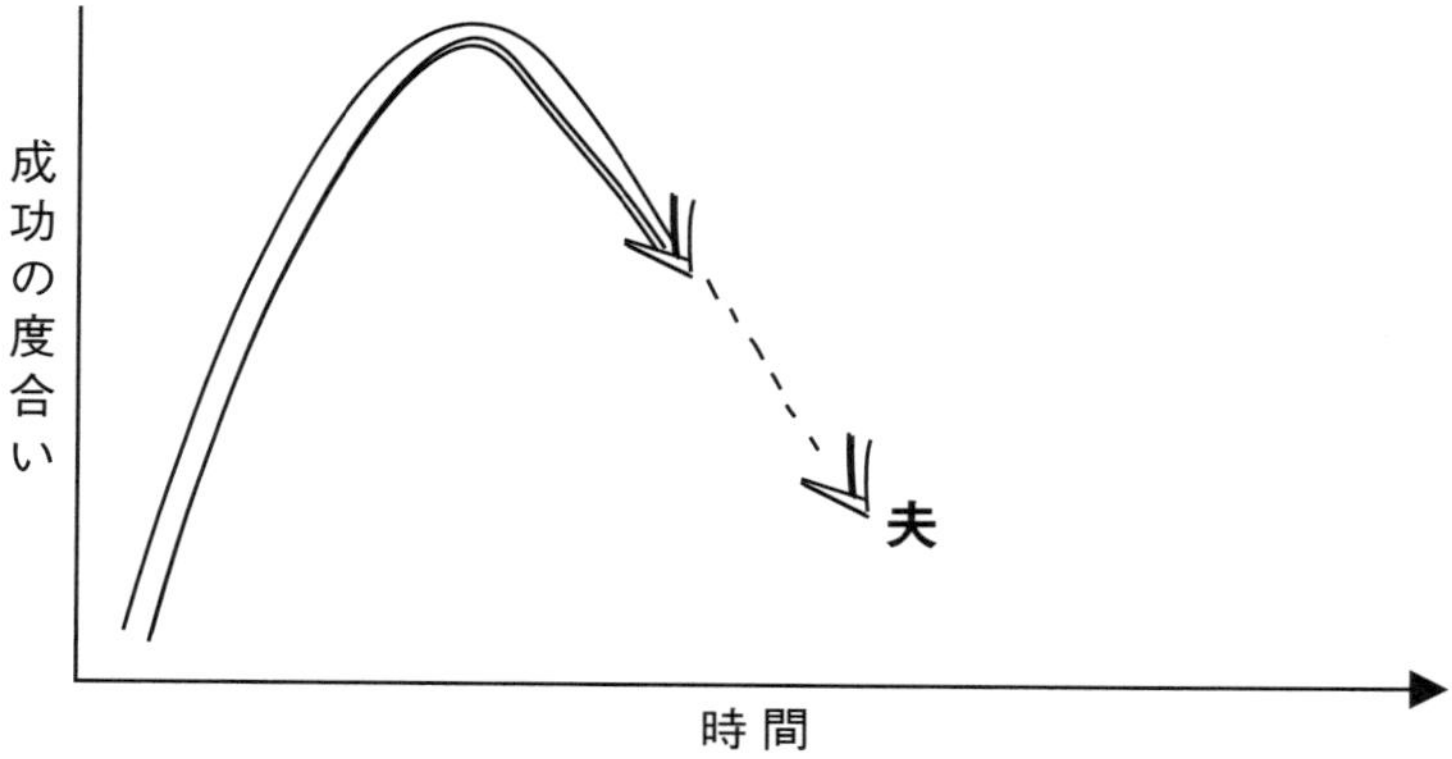

見するのだ。

その見通しを確信したところで、愛人たちは成功男から離れていく。

「じゃあ、最強の女は、彼がまた上がっていくこと（未来）を見通す力があるのだな」とあなたは思うかもしれない。

そうではない。

最強の女も普通の女と同じように予感するのだ。

「この人もここまでかもしれない」と。

しかし、**最強の女たちには、その続きがある**。それはたったひと言で表すことができる。

「**私がなんとかしなければ**」である。

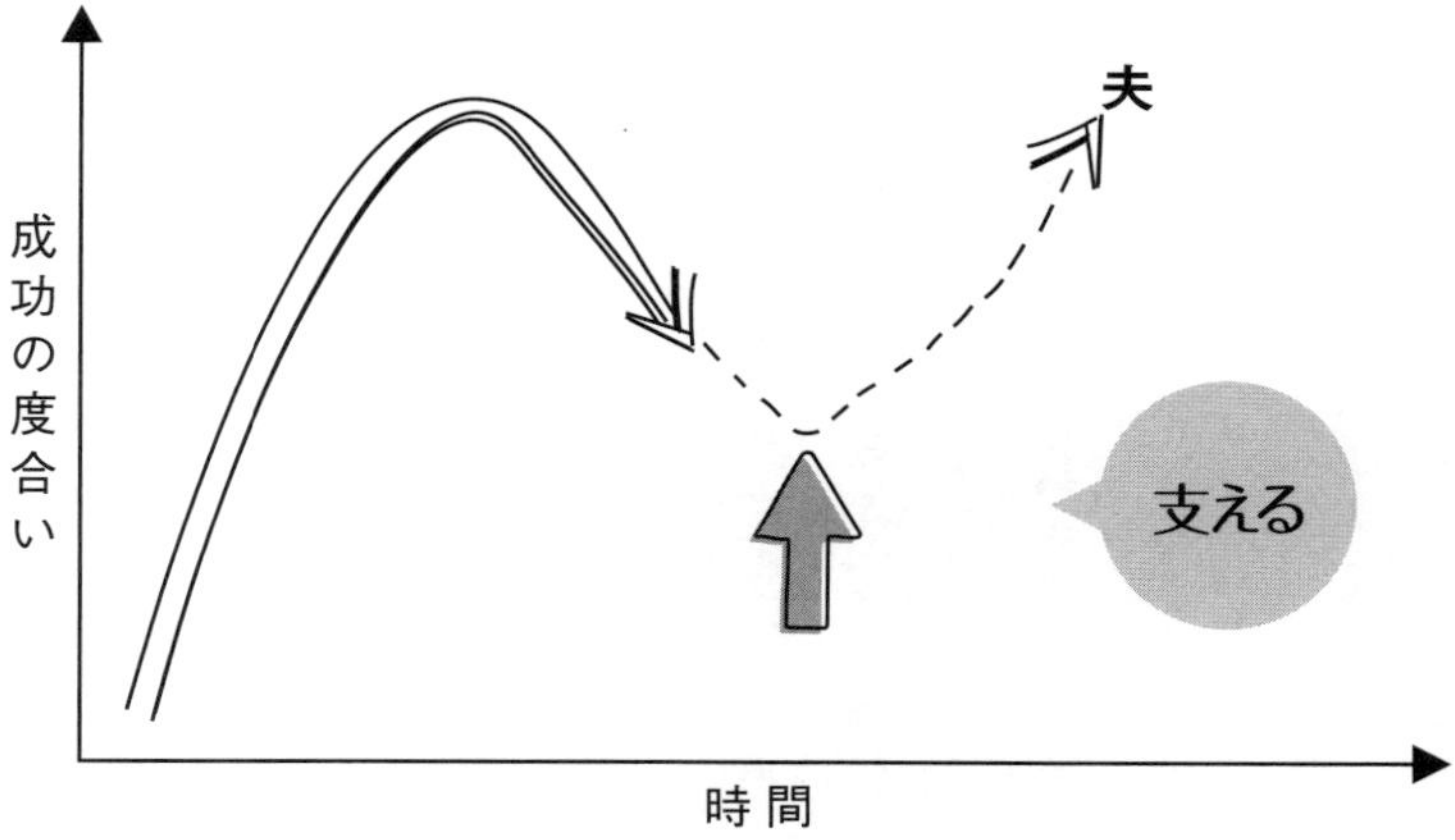

落ち目に対する考え方が違う！

最強の女は、上図にあるように、彼がこれ以上「落ち目」にならないように**手立てを考え、支えようとする**のだ。

そう考えると、手立てが一番打ちやすいのは、やはり職場の女性であることがわかる。だから**職場の女性が最強の女として最も家庭を奪いやすい**といえるのだ。

実際には仕事でサポートをするだけが手立てではない。精神的に励ましたり、愚痴を親身になって聞くことも有効だ。

いずれにしても、最強の女は、これ以上彼が落ち目にならないようしっかりと下支えをする。成功男は自分が愛されているのではなく、自分の能力が目当てにすぎないのではないかという不安を抱いている。だから落ち目のときに支えてくれる女性に心をつかまれてしまう。

落ち目のときに支えられるかどうか、これが最強の女と普通の愛人との違いなのだ。

捨てられる妻は普通の愛人と同レベル!?

落ち目になるというのは、先ほどのマサヒコさんの例でいえば、「出向」である。3年後に銀行に戻れるなんて誰もその時点ではわからない。

妻はそのとき、「ケンタの中学受験は一体どうなるの?」とは考えても、マサヒコさんを支えようとは思わなかった。

結局、**普通の愛人と変わらない見通し**である。「この人、落ち目になっちゃいそうだけれども、子どもの学費は大丈夫かしら」と悩んでいるのだから。

ただ、妻は愛人のように簡単に夫を捨てられない。家庭がある、子どもがいる、それに子どもが受験を控えている。夫が落ち目だからサヨウナラとはできる状況ではないからだ。

それに夫が嫌いになったわけではない。

去らない理由こそあれ、去っていく理由はないのだ。だから、一緒にいることができるし、いなければいけないと妻は判断する。

一方、最強の女であるルミさんはどうだったのか。

マサヒコさんの窮地をおもんばかり、「大丈夫」と励ます。そして仕事上もバックアップをした。彼女の支えもあって、実際にマサヒコさんは銀行に戻ることができた。

「この女と一緒にいたほうが俺は幸せだろう。こんなに俺を理解してくれる人間はほかに現れないだろう」と彼に思わせることができたからこそ、略奪に成功したのだ。

このように、**最強の女と捨てられる妻との違いは、夫が不遇になったときに「支える」かどうか**という点になる。

まとめると、**最強の女とは「男が落ち目のときに支え、上昇トレンドに乗るまで待つ女」である。男はうまくいっていないときに支えてくれる女性に弱い**ともいえる。

ただし、最強の女は夫が落ち目のとき以外にも現れる場合がある。しかも、**最強の女が最初から最強の女だったのではなく、夫によって生み出され、誕生するケースもある**のだ。

夫の不誠実さが最強の女を生み出す!?

夫がトロフィーワイフ症候群なら早めに捨てられたほうがマシ

成功男の中には、女性（妻）を**成功の象徴**としてとらえる男性がいる。彼らは、**世間に羨ましがられるような魅力的で、若くて美しい女性を妻として迎え入れたい**と考えるのだ。

これまでの最強の女と大きく異なる点がある。それは女性の人柄や社会性は気に留められないということだ。

支える必要も励ます必要もない。ただ若くて美しければいいのだ。内面は人の目には見えない。一瞬でまわりを圧倒するには、外見が手っ取り早いのである。

アメリカではこのような妻を持ちたがることを、「トロフィーワイフ症候群」と呼んでいる。トロフィーワイフとは、若くて美しい女性のことで、「成功の象徴」をトロフィーという言葉で表現しているのだ。

トロフィーワイフ症候群の男性は、糟糠の妻を簡単に捨てる。苦労を共にしていようとも、妻が若くて美しくなければ成功の象徴として機能しない。それでは気が済まない。だから若くて美しい女性と恋に落ちれば、容赦なく離婚を迫る。

「こんな男性に捨てられるなんて不幸だろう」と私たちは思ってしまうが、あながちそうでもないことが多い。

なぜならば、トロフィーワイフ症候群をわずらう成功男との離婚によって、莫大な慰謝料や財産分与をいただけるからだ。

お金がすべてではないが、離婚をしても路頭に迷うこともないし、中には働かなくてもいいほどの一生分の財産を得られる人も多い。

もちろん、一方で夫に捨てられたショックで絶望に打ちひしがれる人もいる。

しかし、「すっかり変わり果てて調子に乗った夫と暮らすくらいなら、お金をたくさんもらって自由に生きたほうがいい」と思えば、不幸な気持ちもふきとぶ。

成功男を支え続けるだけの器を磨いてきた女性を、そのほかの男性が放っておくわけがない。だから、彼女たちの中には、また新しい恋愛や結婚生活で幸せになる女性も多い。

トロフィーワイフはリスクだらけ

一方で、**トロフィーワイフはリスクだらけ**だ。

若さも美しさも歳を取れば衰える。成功男が「もうこの妻はトロフィーワイフではないな」と思ったら、いとも簡単に新しいトロフィーワイフに取り換えられてしまう。

このとき、通常は糟糠の妻のような莫大な慰謝料と財産分与は得られない。**結婚生活が短すぎるし、トロフィーワイフ症候群の成功男は、離婚時に多額のお金を取られないよう婚前契約を結ぶことも多いから**だ。さらに、若さと美しさに甘んじていれば、なんの成長もないまま家から追い出され、夫関係の良質な人脈も途絶える。

結局、**トロフィーワイフ症候群の男性と結婚をすると添い遂げられない可能性が非常に高い**ということだ。

ただし、トロフィーワイフ症候群を含め、妻を捨てる男性を見分けるのは難しい。そこで次章では、「糟糠の妻を捨てる男性」を見分ける方法について検討をしていく。

第 4 章

捨てる男と捨てない男の違い

不倫する男性を分析＆タイプ分けしよう

経験人数と不倫の危険性は比例しない

男性というのはとても勝手な生き物だ。

「もう結婚までに遊び尽くしたから、不倫なんてしないよ」という人もいれば、「僕が知っているのは君だけだ。一生添い遂げる」という人もいる。

ここまで読んだ方はわかると思うが、これらの男性の言葉はまったく当てにならない。もし、どちらの言い分も本当だったら、経験人数が多くても少なくても不倫をしないことになる。しかし、人類史上不倫がゼロになったことは一度もない。


これまで見てきたとおり、成功男には不倫の危険がつきまとう。**成功というものは私たちが想像している以上に魔物**だ。まわりがちやほやし、美女が集まってくる。しかも、成功のステージが上がるごとに、集まる人間も増え、誘惑の機会も増えていく。

遊び尽くした男性はそもそもセックスの誘惑に弱い性質を持っている。妻しか知らない男性も、果たして目の前のごちそう（美女や若い女）の前で耐えしのぶことができるのか、そのことと過去の女性経験は別問題だ。

ここで役立つのは、やはり不倫の方程式だ。

不倫の危険性＝（時間的制約（家にいる時間が少ない）＋過剰なエネルギー）×女性

この方程式を使って不倫をする男性のタイプについて分析してみたい。

不倫をする男性のタイプは大きく4つある

不倫をする男性のタイプは大きく分けて4つある。男性によっては2つも3つも該当する場合がある。もちろん該当数が増えれば、不倫の危険性は高まるといえる。

それでは、見ていこう。

①旅人タイプ——平日に出張、接待、残業の3拍子

不倫の方程式でいうと、「時間的制約」の項目にあたる。

私の知り合いの中に、見事に旅人タイプの夫に不倫をされてしまった女性がいた。

それは、39歳のマユミさん、専業主婦だ。25歳のときに、お見合い結婚をし、翌年に娘が誕生した。

マユミさんは夫の会社のことをよくわからないため、「出張だ」「ゴルフ接待だ」「残業で遅くなる」と夫に言われるがままに信じていた。

しかし、ある日思わぬ形で不倫が発覚した。**出張から帰ってきたはずの夫の背中にマニキュアの爪の跡がしっかりと残っていた**ためだ。「蚊に刺された」と最初は言い張っていた夫だったが、「紫色の蚊なんていないのよ！」という妻の指摘に観念した。

同じ職場に勤めていない限り、妻には夫がどんな働き方をしているのかを知るすべはない。いちいち会社に「夫は本日残業だと言っていましたが、本当に残業でしょうか」と確認するわけにもいかない。なにもしなければ、夫の自己申告を信じるしかない。

そこを夫が逆手に取って愛人とセクシーな時間を過ごすのである。残業だと言えば、退社後終電まで愛人宅やラブホテルで過ごせるし、休日ゴルフ接待だと言えば日帰り旅行もできるし、出張だと言えば、一泊旅行ができる。

夫が家にいる時間がめっきり減ったと感じているなら注意が必要だ。

【旅人タイプのチェックリスト】

□夜11時以降の帰宅が週に3回以上
□ゴルフなどの休日接待が月に3回以上
□基本的にデスクワークの仕事なのに、出張が年に20回を超える
□出張の荷造りを手伝うのを嫌がる
□夜ごはんを週に4回以上家で食べない（土日も含む）

このうちの２つ以上該当するならば、あなたのパートナーは旅人タイプである危険性が高い。

②冒険家タイプ――そこに「女」がいるから「登る」

不倫の方程式でいうと「過剰なエネルギー」の項目にあたる。

このタイプは、過剰なエネルギーが好奇心という形で現れる。新しいものや未体験のものが好きなのだ。

彼から見ると、不倫とは結婚して初めて体験できるアドベンチャーにすぎない。妻とのセックスにも好奇心旺盛で、さまざまなセックスを一通り楽しむが、**ほかの人にも試した結果を知りたくなる。**

家庭が円満であろうと、妻との関係が良好であろうと、それが不倫を止めるブレーキにはならない。

仕事に積極的でリスクを背負いながらも短期で事業を拡大する人、誰もやったことのないビジネスを始める人にこのタイプが多い。

年齢も20代から30代後半ぐらいまでと比較的若くして成功をおさめた青年実業家が数多く含まれている。

ちなみに、私が知っている限りでは、このタイプの男性は１００％愛人がいる。最も不倫に走りやすいタイプの１つだともいえる。

【冒険家タイプのチェックリスト】

□20代から30代で成功をおさめた実業家
□誰も手掛けたことのないビジネスに成功している
□短期間で事業を拡大している
□ハイリスクハイリターンの投資や事業に手を出す
□セックスのバリエーションが多い
□セックスがうまい

このうちの２つ以上該当するならば、あなたのパートナーは冒険家タイプである危険性が高い。

③上の空タイプ——気持ちが家庭に向いていない

不倫の方程式でいうと、冒険家タイプと同様「過剰なエネルギー」の項目にあたる。

このタイプの男性の家庭は、「あなた、話聞いてる?」「えっ、なに? なんか言った?」なんて会話が日常茶飯事になっている。**妻の話をまともに聞かないというのは、妻に注ぐエネルギーが節約されている状態**である。

成功男は、〝過剰なエネルギーを持ち合わせている〟はずだ。ということは、家庭以外にエネルギーが注がれているのだ。

これはただ疲れているというのとは違う。

家庭に気持ちが向いている男性は、一時的に疲れていたとしても疲れが回復すれば、家庭にエネルギーを注入する。普段、家族がなにをしたり、なにを考えているのかに興味を抱き、話を聞きたがる。

一方、家庭に気持ちが向かない男性は、家族が面倒くさくなる。ただ物理的に一緒にいるだけという態度を取る。

特に、休日にその傾向が顕著に出る。

積極的に子どもや妻と関わることがなく、ボーッとして過ごし続ける男性は注意が必要だ。ボーっと過ごす理由が愛人との恋愛・セックス疲れを癒やす時間になっている可能性が高い。

家にいるのに家庭に気持ちが向かず、愛人との時間を待ちわびる夫。そんな彼らが必ず夢中になるものがある。

それがスマートフォン（スマホ）だ。スマホの普及や、出会い系アプリやＬＩＮＥなどのコミュニケーションアプリの登場で、浮気をしやすくなったといわれている。パスワードロックもかけやすい。

中には、パスワードを何度も入力するとデータがすべて消去される設定をしている、異常に警戒心の強い男性もいる。スマホに浮気の手がかりを入れていたとしても、秘密を守りやすくなった。

とにかく**スマホを頻繁に触っている男性は注意が必要**だ。

とはいっても、目に見えるところでスマホを触るとは限らない。典型的なのがトイレやお風呂を利用する場合だ。
具合が悪いわけでもないのに頻繁にトイレに行く男性、トイレに行くとなかなか出てこない男性などには、疑いの目を向けていいだろう。

【上の空タイプのチェックリスト】

□普段から家族の話に興味を持っていない
□「私の話、聞いてるの?」と言いたくなるような話の聞き方をする
□休日に家族と外出するのを面倒くさがる
□休日はゴロゴロ寝てばかりいる
□暇があったらスマホを触っている
□頻繁にトイレに行く、トイレが長い
□風呂にスマホを持ち込む

2つ以上該当すると、あなたの夫は上の空タイプの可能性が高い。

④恋愛体質タイプ――女が好きというよりも、恋愛が好き

「妻は家族なんだよ。家族とはセックスしないよ」

このセリフ、いろいろな映画やドラマで男性から愛人に向かって何度ささやかれたことか。「でもドラマの話なんでしょう?」とあなたは思うかもしれない。

現実は一体どうなっているのか。

２０１３年の相模ゴム工業株式会社の調査で、とんでもない結果が明らかになっている。

次ページの図にあるように、**配偶者とセックスする回数が月に1・7回に対して、愛人とセックスする回数は、2・4回だというのだ**。つまり、40％も愛人とセックスする回数が多い計算になる。１年間だと、配偶者とのセックスが約20回に対して、愛人とのセックスは約29回。

愛人とのセックスはリスクが伴う。妻にバレないように慎重にやらなければいけない。ラブホテル代がかかる場合もある。愛人宅でしけこむにしても、手ぶらというわけにはい

月に何回セックスするか

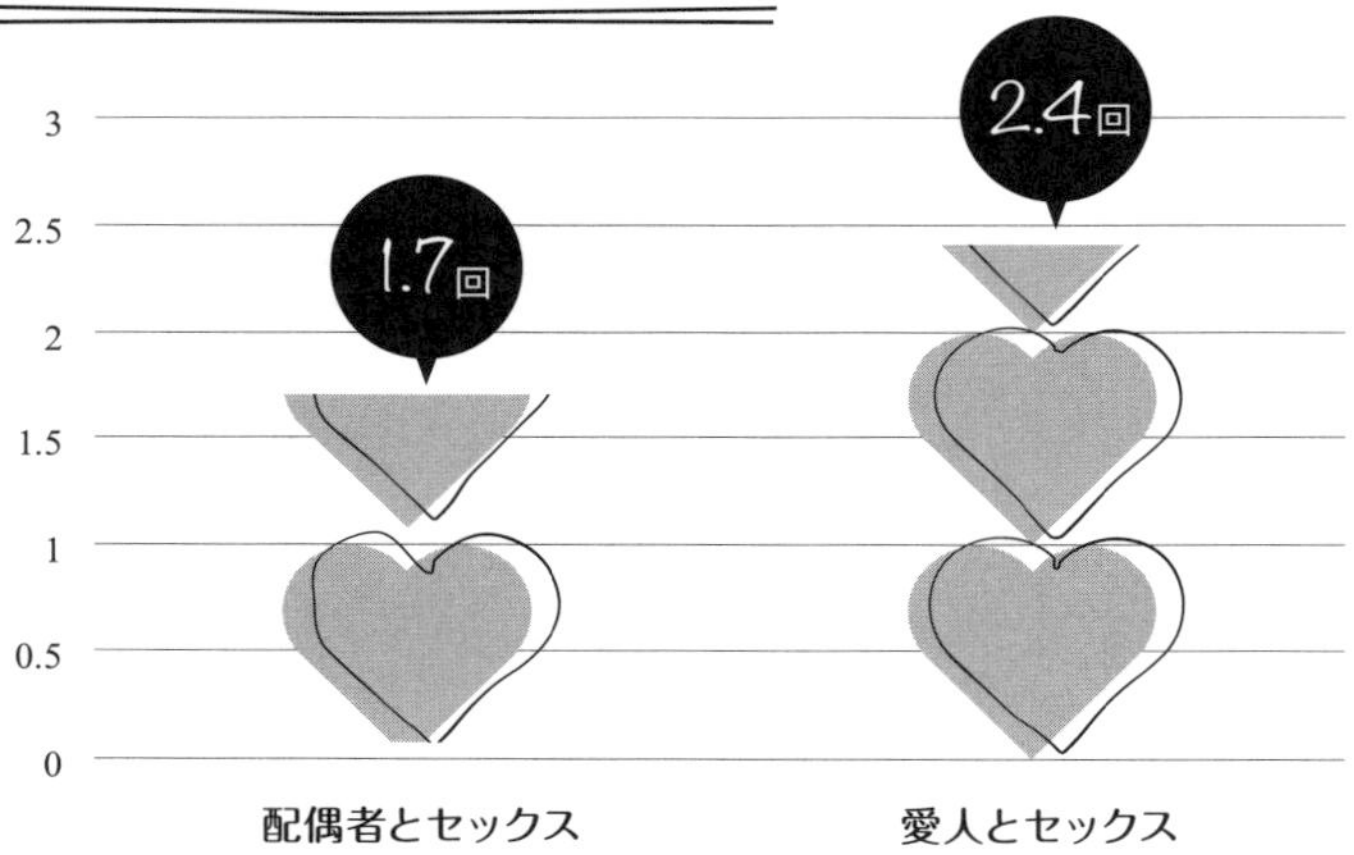

かない。食事代やデート代だってかかる。

バリバリ仕事をして、家庭生活だってある。はっきりいって、手間も時間もお金もかかるのだ。

その合間をぬってのセックスが、なんのリスクもない配偶者とのセックスを軽く上回っているのである。

特に、恋愛体質の男性はこの傾向が顕著になる。結婚をすれば、恋愛期間は終わりを告げる。同時に生活が始まる。**恋愛体質の男性は、恋愛が消えていくことが耐えられない。**

そこで、家庭生活を維持しながらも、新たに恋愛相手を求めるのだ。すなわち、不倫の方程式でいえば、「女性」に向かってどんどん積極的にアタックするわけである。

不倫の危険性＝（時間的制約（家にいる時間が少ない）＋過剰なエネルギー）×女性

不倫の方程式をおさらいしよう。「女性」のところを見てほしい。

ここだけが唯一掛け算になっている。つまり、**男性が恋愛体質の場合は、加速度的に不倫の危険性が高まる**のである。

このタイプの男性が自分の夫だった場合、4タイプの中でも、最も不倫される危険性が高いといえるかもしれない。

では、恋愛体質の男性かどうかを見抜くことができるのか。それは**恋愛していた時代の夫の様子を思い出すのが一番手っ取り早い**。チェック項目は全部で3つだ。

1つ目は、**交際中のセックスの回数**である。相模ゴム工業株式会社の調査によると、未婚で交際中のセックスの平均回数は月に4・1回である。それを上回っている状態のお付き合いを結婚までしていたとしたら恋愛体質の傾向は高い。

一般的に男性の場合は、女性ほど会えない時間にＬＩＮＥやメールのやりとりを楽しむことで愛を感じることはあまりなく、彼女とのセックスが強烈に愛を感じる瞬間となる。

2つ目は、**結婚後のセックスの回数**だ。その数が激減する、もしくはセックスレスになる。恋愛体質の男性はセックスそのものが好きなのではない。ときめいている相手と近づいて一体となる瞬間が好きなのである。家族になった相手とのセックスには興味を示さなくなる。新婚の甘い1年が過ぎると、セックスレスになる人も少なくない。

「結婚前、夫は激しく求めてきたのに、今はほとんどなくなった」という場合は、夫が恋愛体質である可能性は非常に高い。

3つ目は、**身近な女性を「ちゃんづけ」で呼ぶこと**だ。

「かなちゃん」「ひとみちゃん」「ももちゃん」など、下の名前でちゃんづけをする男性は、基本的に女性は「可愛い生き物」と思っている。つまり、女自体が好きなのだ。

さらに、ちゃんづけをされる女性は、男性と距離が縮まった感覚を持つ。だからこそ、「ちゃんづけはセクハラだ！」と職場で女性が問題視することも多い。そんな状況の中でもちゃんづけで呼べるというのは、やはり女性との距離が近いということだ。

【恋愛体質タイプのチェックリスト】

□交際していた当時、セックスの回数が月に5回以上

□結婚してからセックスが激減（月に1回以下）、もしくはセックスレス

□身近な女性をちゃんづけして呼ぶ（職場、ご近所など）

このどれか1つでもあてはまると、あなたの夫は恋愛体質タイプである可能性は高まる。最も不倫に走りやすいタイプの男性となる。

以上、不倫の危険性が高い男性のタイプを紹介してきた。ここまで読むと、だんだん夫は大丈夫かと不安になってきそうだ。

ここで1つよい知らせがある。この4つのタイプのどれかに夫が該当したとしても、**次にご紹介をするタイプに該当すれば、不倫の危険性は一気に低くなる**のだ。

それは、後述する「**不倫しない男**」のタイプである。

このタイプに該当すれば、たとえ不倫する男のタイプにいくつも該当していたとしても不倫の危険性は低くなる。

不倫しない男性を分析＆タイプ分けしよう

不倫をしない男性の5つのタイプとは？

不倫をしない男性のタイプというものもある。こちらに該当すると、不倫の危険性が一気に低くなる。それは、**不倫の方程式の中の「女性」という項目を限りなくゼロに近づける力がある**からだ。

時間的制約がゼロになっても、過剰なエネルギーがあれば危険性はゼロにはならない。逆もしかり。一方で、**積算方式の「女性」の部分がゼロになれば、不倫の危険性がゼロになる**。不倫をしない男性タイプとは、ひと言で表すと、妻以外の女性に反応しにくい男性ということができる。

大きく5つのタイプに分かれる。1つずつ見ていこう。

①24時間パパタイプ――脱モラトリアム。青春よ、さようなら

青年実業家のミノルさん39歳と出会ったのは今から10年以上前のことだった。特定の彼女を作らず、合コンで女性のお持ち帰りを繰り返していた。私の友人も彼の毒牙に見事に引っかかって涙した。

「僕は付き合わないいけど大丈夫？」と言われてワンナイトラブに応じた彼女だったが、当時28歳で読者モデルもしていたので、まさか一晩で自分を捨てる男性がいるなんて考えもしなかった。

「うわー、読者モデルも火遊びで終わらせるのか。一体どんな人と結婚するのだろう」とそのとき思ったことを今でも強烈に覚えている。

しかし、その年に彼はあっさり結婚した。

相手の女性に子どもができたことがきっかけだった。ワンナイトラブのはずが、交際期間0日でのまさかの入籍となった。

「こんな結婚の仕方だったら愛人を作って家庭崩壊だね」と誰もが思っていたが、この10年間、彼に関する浮いた話は1つも聞こえてこない。

聞こえてくるのは、子煩悩で家庭を大切にするという話ばかりだ。

なぜ、彼はすっかり変わってしまったのか。しかも、ワンナイトラブのはずだった女性と結婚したにもかかわらず……。

それは、**セックスをするよりも、家庭を築くことのほうが楽しいと感じるようになったからだ。**

すべては出産に立ち会ったことから彼の場合は始まった。

「こうやって命が生まれてくるのだ」と感銘を受けた。自分と血のつながった小さな命を大切にして生きていきたいと思うようになったのだ。

彼の関心は一気に**「女性」から「自分の妻と子ども」**へとシフトした。

女性好きから、子ども好きになった彼は、自分の中のパパというアイデンティティをとても大切にするようになった。パパは家庭を守り、家族を大切にしなければいけない。そうだとすれば、不倫なんてもってのほかだ。

子どもが生まれた瞬間から、彼は**「男」としての人生よりも、「パパ」としての人生を選んだ。**だから、どんな魅力的な女性が現れても、「きれいなお姉ちゃんだな」くらいにしか思わなくなったという。

今や子ども4人の父親で、事業も順調に成長している。

このように、男性の中には、本来女性好きだったけれど、子どもが生まれたことをきっかけに興味関心が女性から子どもにシフトするタイプがいる。これが24時間パパタイプの男性なのである。

【24時間パパタイプのチェックリスト】

□土日は、必ず家族と一緒に過ごしたがる
□自分のことを「お父さんは」「パパは」と言う
□夜ごはんがいらない日は、妻が作る前に「今日はごはんはいらない」と必ず連絡
□妻とのセックスに対して積極的（妻を女性として見ている）
□妻のご両親、親戚とも積極的に交流をする

3つ以上にチェックが付いたのなら、このタイプに該当だといえる。

②人見知りタイプ――初対面に強いストレスを感じる

信じられないと思うかもしれないが、**成功男の中には、すごく人見知りな人が存在する。**「人見知りなのに、どうして事業に成功することができるのか？」という疑問がわく人もいるだろうが、今はインターネットがあり、顔を合わせなくてもビジネスを成功に導ける時代である。

気心が知れた友人だけを雇って仕事を成功させる人もいる。その友人に取引先への営業や顧客サポートをしてもらえば、社長が人見知りタイプでも乗り越えることができるのだ。

このタイプの男性はもちろん女性にも人見知りである。特に男性よりも女性が苦手な人が多い。**気心の知れた人としか付き合いたくないのに、ましてや自分と異なる性別である女性と接することはストレス以外のなにものでもない。**

私の知り合いでスグルさんという人見知りタイプの成功男がいるが、彼は実業家のパーティにも顔を出さないし、キャバクラにもホステスがいるクラブにも行ったことがない。「見知らぬ人と話をするのにお金を払うなんてありえない。お金をもらわないとそんな苦痛を味わいたくない」と言うのである。唯一お付き合いをした今の妻以外と出かけることはないし、出かけたいとも思っていない。

ここまで極端でなくても、**人見知りタイプの男性は女性との出会いの機会を積極的に避ける傾向にあるので、どんなに過剰なエネルギーがあろうとも、家庭の外に出ている時間が長くとも、不倫には発展しにくい。**

【人見知りタイプのチェックリスト】

□気心の知れた人としか長時間いられない

□キャバクラやクラブが嫌い

□対面営業ができない、営業をしたとしてもインターネット経由

□経営者であれば、幹部は気心が知れたメンバーのみ

□女性恐怖症

３つ以上にチェックが付いたのなら、このタイプに該当だといえる。

③妻と戦友タイプ——妻を失うと仕事に影響が出る

妻と戦友タイプとは、**妻が家庭で支えているだけではなく、夫の仕事に直接的、間接的に関わることを求めるタイプ**である。別名、アスリートタイプとも呼ぶ。

必ずしも、同じ会社に勤めているとは限らない。

たとえば、スポーツ選手はこのタイプに該当しやすい。健康管理は自分だけではなかなか難しい。結婚している場合は妻の栄養管理や生活環境のサポートが必要となる。よくオリンピックの金メダルを取ったり、プロ野球でリーグ優勝をしたりした選手のインタビューで「妻に感謝しています」というメッセージを耳にする。これは、ただの社交辞令ではない。実際に妻の協力は結果に欠かせなかったのである。

つまり、**妻は夫を戦場に送り出す戦友のような存在である。ともに結果に向かって戦う仲間だ。仲間を失うのは痛い。だから、簡単にほかの女性と関係を持つなどと裏切ったりはしない**のだ。別名アスリートタイプと書いたのは、やはりアスリートに多いためだ。

【妻と戦友タイプのチェックリスト】

□妻がいなければ、結果を出し続けられない状態にある

□妻の代わりにサポートができる人間はいない

□「妻のおかげです」「妻に感謝しています」ということが口癖

□アスリートである

2つ以上にチェックが付いたのなら、このタイプに該当だといえる。

④亭主関白タイプ——仕事ができても女にモテない

これまでのタイプとはガラリと変わる。

ひと言で表すと、このタイプは女性にモテないのだ！

昔は、「俺についてこい！」という男性はリーダーシップがあるとして、女性からの支持も高かった。しかし、今は時代が変わった。それはリーダーシップとは受け取られない。

今求められるリーダーシップは、一方的に「ついてこい！」ではなくて、まわりの人に方向性を示すことが求められる。その方向性も、まわりの状況をちゃんと理解しながら示すことができる。もちろん、独断で判断するということもない。

その半面、かつてのリーダーシップである「俺についてこい！」は「俺の言うことを聞け！」と女性に受け取られ、一方的な印象になりやすい。

「あの自分勝手な人、最悪！」と嫌われてしまう。こんなタイプの男性と女性はわざわざリスクを背負って付き合おうとは思わない。つまりモテない。

もちろん、このタイプは家でもたいてい亭主関白だ。家ではおとなしくしているということはほとんどない。家で亭主関白な男性は、浮気の危険性が低いということである。


【亭主関白タイプのチェックリスト】

□家事をしない
□家族の意見を聞かない、一方的
□謝らない
□素直ではない

2つ以上にチェックが付いたのなら、このタイプに該当だといえる。

⑤キャンプタイプ——仲間を大切にしすぎて「不倫の予算不足」

面倒見がよく、みんなでワイワイするのが好きなタイプ。

たとえるなら家族ぐるみでキャンプや登山に行くのを楽しいと思える男性だ。

人に関わる点では、①のパパタイプと似ているが、パパタイプは家族を中心とした人間関係を大切にするのに対し、**キャンプタイプは、家族だけではなく仲間たちを大切にする。**必ずしも血縁関係、親戚関係を必要としない。

彼は、1対1の愛人関係では満足しない。それでは人との関わりが少なすぎるからだ。**愛人と過ごすぐらいならば、大人数で楽しく過ごしたいと考える。よって、このタイプの男性は愛人に関心がいきにくい。**

しかし、このタイプの男性にはちょっと難点もある。それは、「お金がかかる」ということだ。純粋に交際費が増える。仲間が困っているときに助けることにもお金を使ったり、仲間が部下の場合はごちそうをしたりとお金を浪費する。

「もう、私たちばっかり損をしている！」と妻が困る機会が増える。しかし、その分愛人に使う金銭的余裕もなくなるので、そういう意味でも不倫の危険性が低くなることが特徴だ。

【キャンプタイプのチェックリスト】
□複数の家族で出かけることが多い
□会社帰りによく同僚や部下と飲み会をする
□面倒見がよい
□職場の人たちに愛されている
□金払いがよく、収入のわりに交際費が高め

3つ以上にチェックが付いたのなら、このタイプに該当だといえる。

ここまで不倫をするタイプ、しないタイプという視点で男性を分けてきた。
「ああ、私の夫は不倫をするタイプにしかあてはまらなかった！」という人は悲しい思いをしているかもしれない。しかし、そうすぐに悲観的になる必要はない。
それは、**不倫をするタイプが必ずしも家庭を捨てるわけではない**からだ。家庭を捨てるには、それなりの理由なり事情なりがあるのだ。

だからこそ、不倫をする男性はどういった事情で家庭を捨てるのかを見ていく必要もある。

成功男に捨てられる危険性がわかる方程式

そもそも夫が不倫をしないなら、捨てられない

実は、成功男に捨てられる危険性は、**たった2つの項目**だけでわかる。

それは、

- **不倫するタイプの夫かどうか**
- **捨てられやすいタイプの妻かどうか**

不倫しない成功男は妻を捨てない

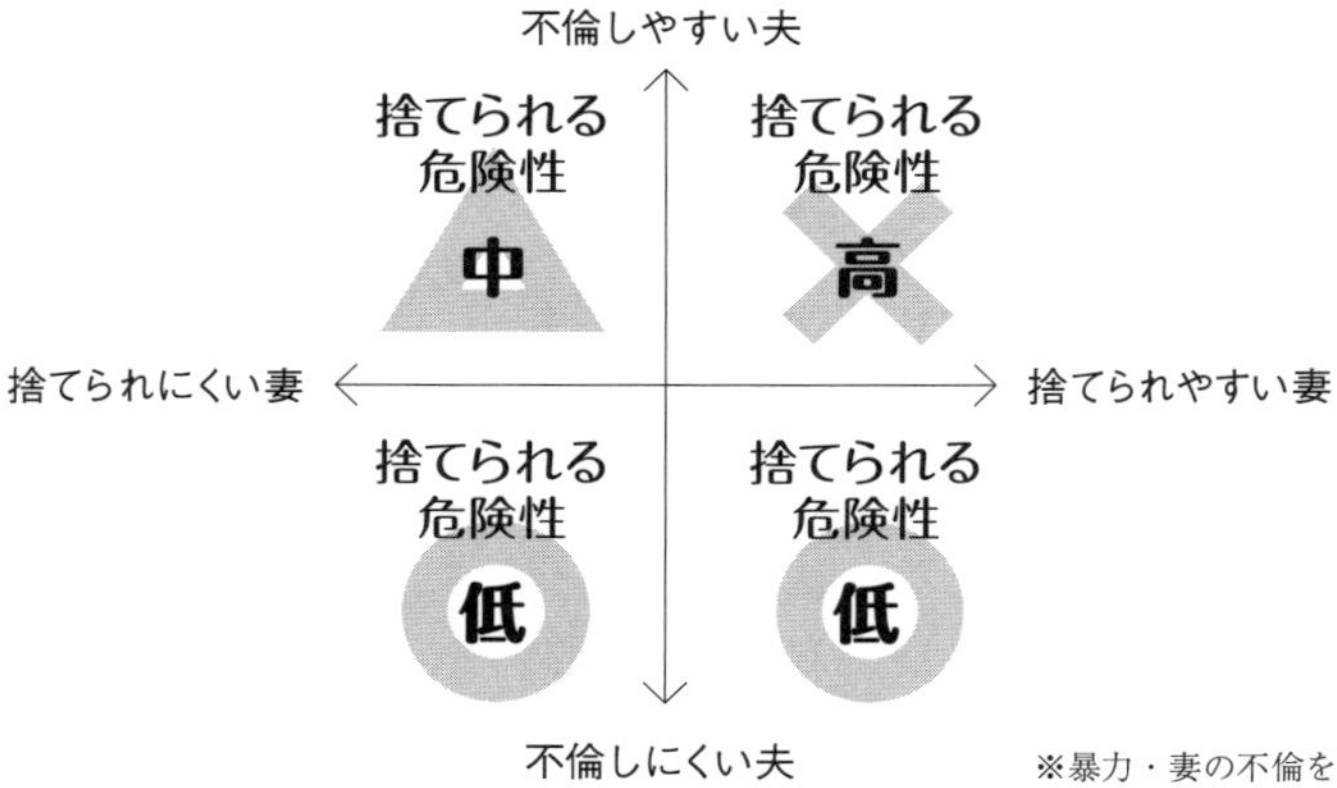

というもの。

ただし、暴力（DV、精神的暴力も含む）と妻の不倫がないことが前提だ。

このことは、図にするとわかりやすい。

あたりまえかもしれないが、まずいえるのは、「不倫をしない成功男は、妻を捨てる危険性はかなり低い」ということである。

理由は2つある。1つは、**長年連れ添った妻と離婚をすることで社会的評判が落ちる**。

そこでは女性（愛人）のいる・いないは関係ない。「ずっと支えてくれたのに今になって捨てるなんてひどい」とまわりの空気が厳しくなる。すると事業が傾く可能性がある。だから妻を捨てることはない。

もう1つの理由は、**財産が激減する**ことだ。

結婚している間の財産はいくら成功男だけが稼いでいたとしても半分になる。新しい女性がいなくても、である。

それならばいくら妻と不仲だったとしても、家庭内別居でも仮面夫婦でもして、財産を維持したほうがマシである。

このように、**妻にときめいていなくても離婚に踏み切るデメリットのほうが大きいので、成功男の多くは今の家庭生活を維持する選択を取る**。

妻が捨てられやすいタイプの女性であったとしても、夫に愛人がいなければ、捨てられる危険性はかなり低いということになるのだ。

捨てられる危険性の方程式で重要なのは「愛人の結婚願望」

２つ目に注目するべき点は、**不倫するタイプの男性で愛人がいたとしても、妻が捨てられるタイプの女性に該当しなければ、離婚のリスクはそれほど高くない**という点だ。

問題は、夫が不倫をしやすいタイプで、妻が捨てられるタイプの場合だ。

捨てられるタイプの女性は第２章で書いたように３つのタイプがあげられる。

①木綿のハンカチーフ妻――夫の成長を認めない
②無意識でつかんだ玉の輿妻――夫と釣り合わなくなる
③捧げ尽くす妻――夫が与えることを喜べない

そもそもこの3つのタイプは、妻への不満の代表格である。その不満を埋め合わせするのが愛人となる場合に、最も捨てられる危険性が高まるのだ。

以上、捨てられる危険性をまとめると、次の方程式になる。

捨てられる危険性＝妻への不満×愛人への満足感×愛人の結婚願望

ここで、初めて出てきた項目がある。

「愛人の結婚願望」だ。

愛人に結婚願望がなければ、いくら妻への不満を愛人で解消していたとしても捨てられるリスクはゼロである。

愛人と一緒になれないのにあえて妻と別れて家庭を崩壊させるリスクを取る価値がない

からだ。もし、そんなことをしようものなら、**「愛人に走って家庭を失った愚かな男」**と**世間から馬鹿にされるだけ**である。

これでは、成功男のプライドが許さない。

しかし、愛人に結婚願望があったとしたら……。捨てられる危険性は当然高まる。そこで、妻ができるのは、「自分への不満を減らす」ということである。

では、具体的にどのようにしていけばいいのか。

次章で見ていこう。

第5章

妻への不満、愛人への満足感

成功男の過剰なエネルギーをどう受け止めるか

過剰なエネルギーの正体はホルモンだ！

まず、不倫の方程式をおさらいしよう。

不倫の危険性＝（時間的制約（家にいる時間が少ない）＋過剰なエネルギー）×女性

この中でイマイチわかりにくい「過剰なエネルギー」を詳しく見ていきたい。

過剰なエネルギーの原材料はテストステロンである。別名「闘争ホルモン」ともいわれている。このホルモンは、「火事場の馬鹿力」の源でもあり、限界を超えるほどの興奮状態を人にもたらす。しかし、人間はこの**興奮状態が続けば、感情も行動も暴走し、コントロール不能になってしまう。**

そこで、闘争ホルモンが出るのをおさえる働きでバランスを整えなければならなくなる。

それがセロトニンというホルモンの働きである。心身を落ち着かせ、幸福な気持ちにさせてくれるホルモンだ。別名「幸福ホルモン」ともいわれている。なんとこのホルモンは脳内でしか作れない。食べ物や錠剤で取り入れることができないのだ。

では、どんなときに幸福ホルモンは大量に脳内で分泌されるのか。

実は、**セックスをしているとき**なのだ。

つまり、**幸福ホルモンを求めて成功男たちは本能的に性衝動を妻以外の女性に求めるエネルギーを蓄えてしまう**。これが過剰になった状態が、過剰エネルギーなのである。

妻が美しく若々しくセックスに積極的になれば解決する？

「愛人に不倫されるぐらいなら、私が夫のセックスを全部受け入れるわよ！　なんでもやる！」と思われる人もいるかもしれない。

残念ながら、**夫が望むセックスをすべて受け入れれば解決をするという問題でもない**。

「ダイエットして、結婚前のナイスバディに戻って、セクシーランジェリーを着て夫を誘う！」と気合いを入れる人もいるかもしれない。これも解決にはならない。

芸能界を見てほしい。不倫をする芸能人の妻はたいてい美しくナイスバディでセクシーだ。それでも浮気される。しかも、**不倫相手は若いとは限らないし、美人とも限らない**。

なぜ妻のセックスアピールをどうにかするだけでは、夫の過剰エネルギー問題は解決しないのか。妻とのセックスでは幸福ホルモンが出ないというのだろうか。いや、そんなことは決してない。

実は、**過剰エネルギー問題は幸福ホルモンだけでは解決できない**からだ。

一体どういうことなのか。

愛人とのセックスにはあって、妻とのセックスにはないもの

夫婦で生活をしている以上、妻とセックスができるのは双方健康ならば当然である。つまり、よっぽどのセックスレスでない限り、達成感は得にくい。

ここでいう**達成感というのは、ひと言で表すと、「やっとこの女とセックスできた！」というもの**である。

闘争ホルモン（テストステロン）が出まくっている成功男は、意欲的な男性だ。何事も思ったことを達成したい状態にある。達成感中毒ともいえる。実は、この達成感のホルモンにもドーパミンという名前がある。別名、脳内麻薬ともいわれる。

特に、**女性が好きな成功男は、気になる女性を攻略したくなる。そしてセックスができると達成感が得られる**のである。

「ワンナイトラブにしか通用しないのでは」と言われるかもしれない。しかし、ワンナイトではない不倫関係でも達成感は継続する。

愛人とのセックスは、現代では社会的に称賛される行為ではない。ましてや妻にバレれば離婚問題など大事に発展する。だから毎回がサバイバルなのである。

そんな環境が皮肉にも「今日も誰にもバレずに愛人とセックスができた」という達成感を生み出す。この達成感は妻とのセックスでは味わえないのだ。

また、ワンナイトラブと違い、愛人とのセックスには信頼関係がある。この信頼の上に行われるセックスがさらなる幸福感をもたらすのだ。

こうして過剰なエネルギーを達成感で解消していく。これが愛人とのセックスの「醍醐味」なのである。

尊敬してくれる相手はどっち？

成功男は、なぜ成功するだけでは幸福感を味わえないのか

まずは次ページにある、成功男の脳の中を見てみよう。

やる気満々で目標を達成した後、幸福感を味わい、さらにやる気を出すという流れがわかる。

ここで注目すべきことは、**達成感と幸福感は別の問題だ**ということである。

「目標を達成すれば、人は誰でも幸せ！」と私たちはついつい思ってしまう。本当にそうだろうか。

『クリスマスキャロル』という物語がある。主人公のおじいさんは仕事を一生懸命して、望み通り金持ちになった。しかし、幸福感がなくいつも不満ばかりだった。なぜかというと、みんながそのおじいさんを「金に汚い」と軽蔑をしていたからだ。

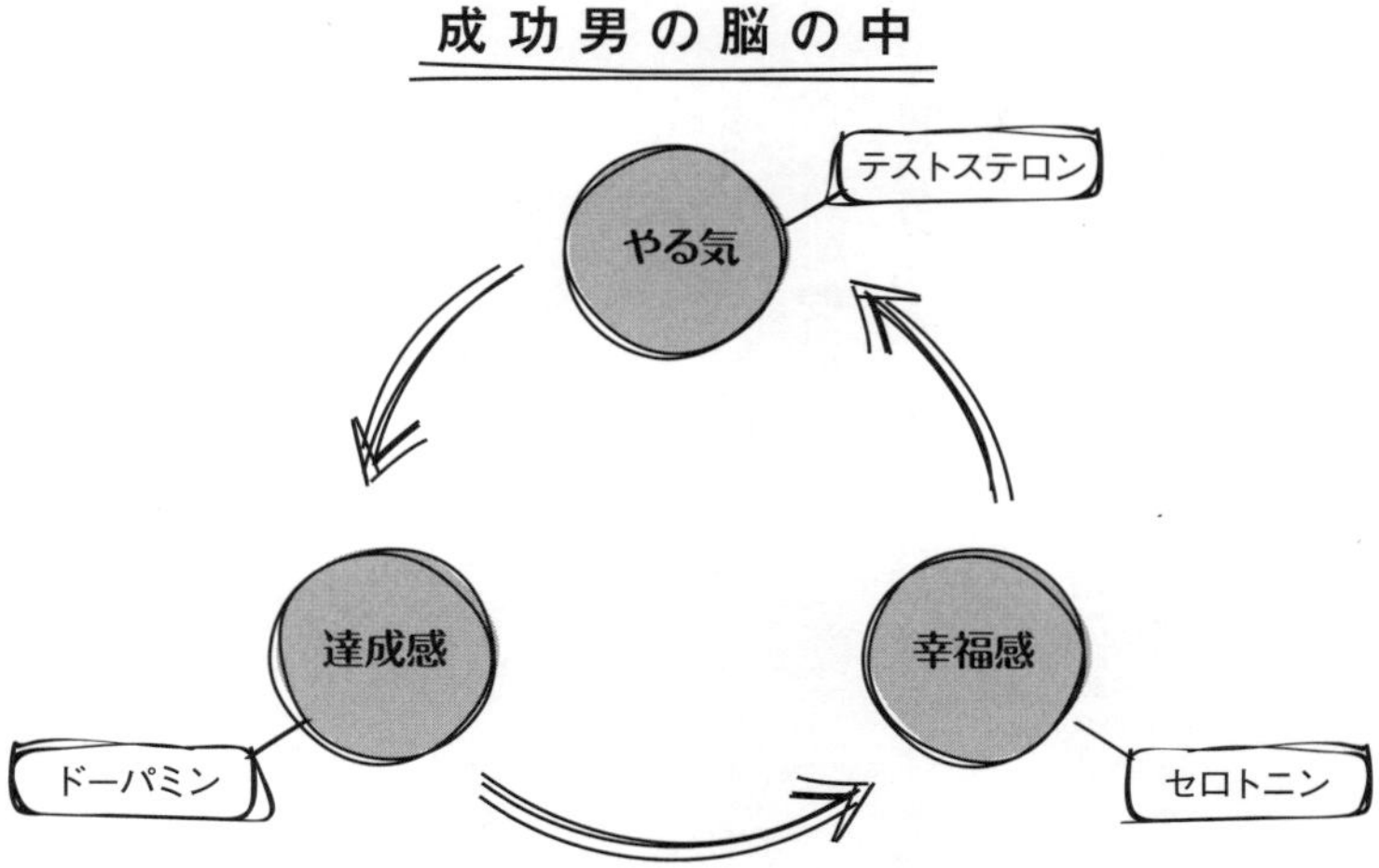

同様に、**成功男たちが幸福感を感じるには成功だけでは足りない。まわりから尊敬され、認められることが必要になる**のである。

成功を認められない糟糠の妻

糟糠の妻は、夫の下積み時代、カッコ悪い時代つまり成功をおさめる前の姿を知っている。妻によっては知っているだけではなく、夫を支えてきた場合もある。

人間は最初のイメージが固定化されやすい。たとえば、母親がいつまでも子を子ども扱いするのに似ている。

それと同じように、**多くの糟糠の妻にとってはいつまでも成功前の夫**なのである。

このことが、夫には面白くない。

「俺はもうあのころの俺とは違う。認めてほしい」という思いが強くなる。

つまり、**今の自分の実力に見合った尊敬を求めているる**のだ。ここで慢性的な妻への不満が生まれる。

一方、**愛人は成功してできあがった彼を魅力的に感じている**。もちろん尊敬している。だから、いとも簡単に男が求めている扱い方ができる。こうして「尊敬されない」という妻への不満を愛人で解消することが可能になる。

妻と愛人の違いを図で表すと次ページのようになる。

ただし、何度か言及してきたように、通常の愛人は夫が落ち目になると離れていく。しかし、**「最強の女」の場合は、尊敬を忘れず、夫を支え続けてしまう**。

夫を尊敬しない糟糠の妻は、運悪く愛人が最強の女だった場合、第3章で見てきたとおり、夫を奪われてしまう危険性が一気に高まる。

これが恐れるべき現象なのだ。

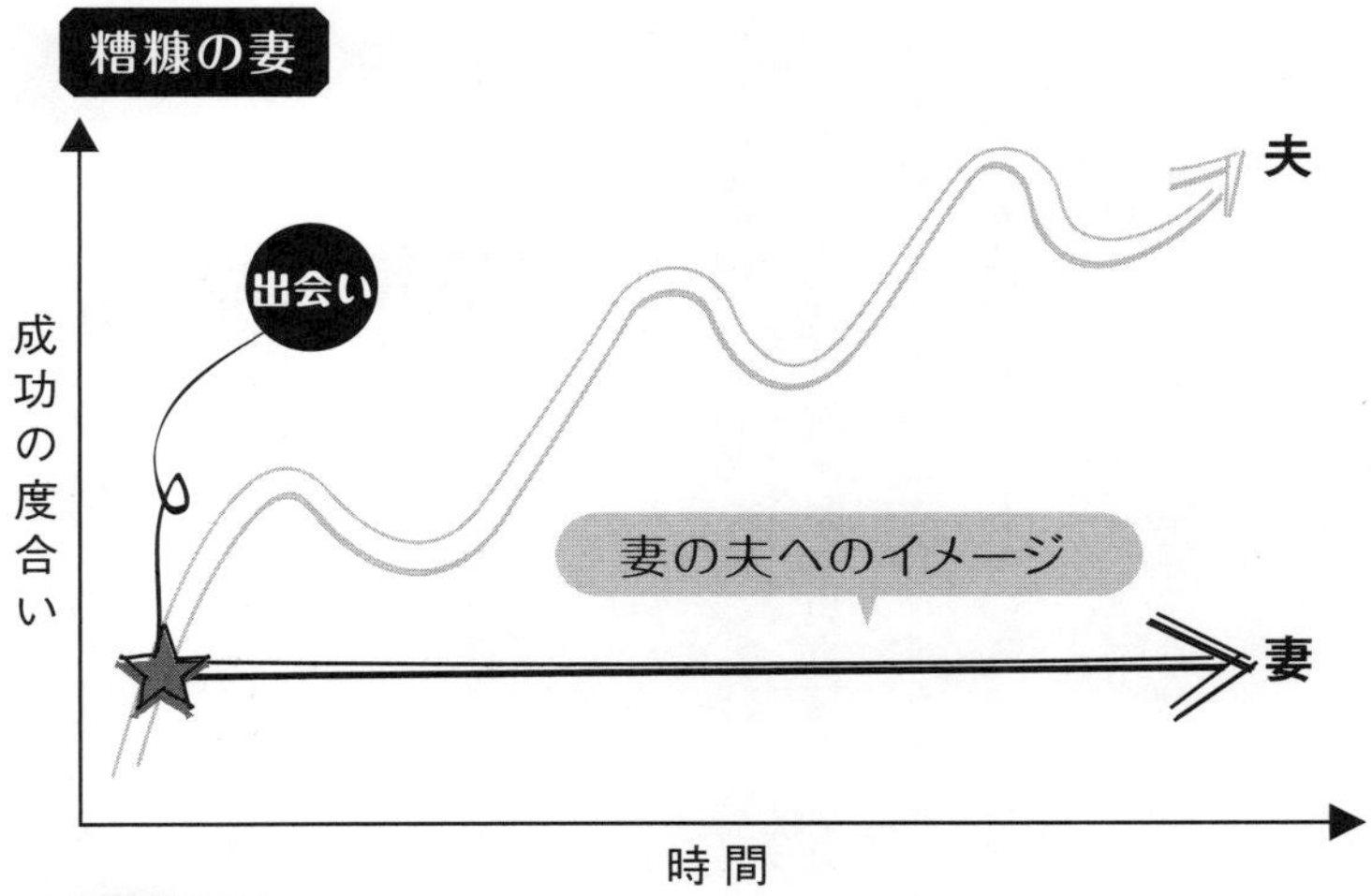
糟糠の妻
夫
出会い
成功の度合い
妻の夫へのイメージ
妻
時間

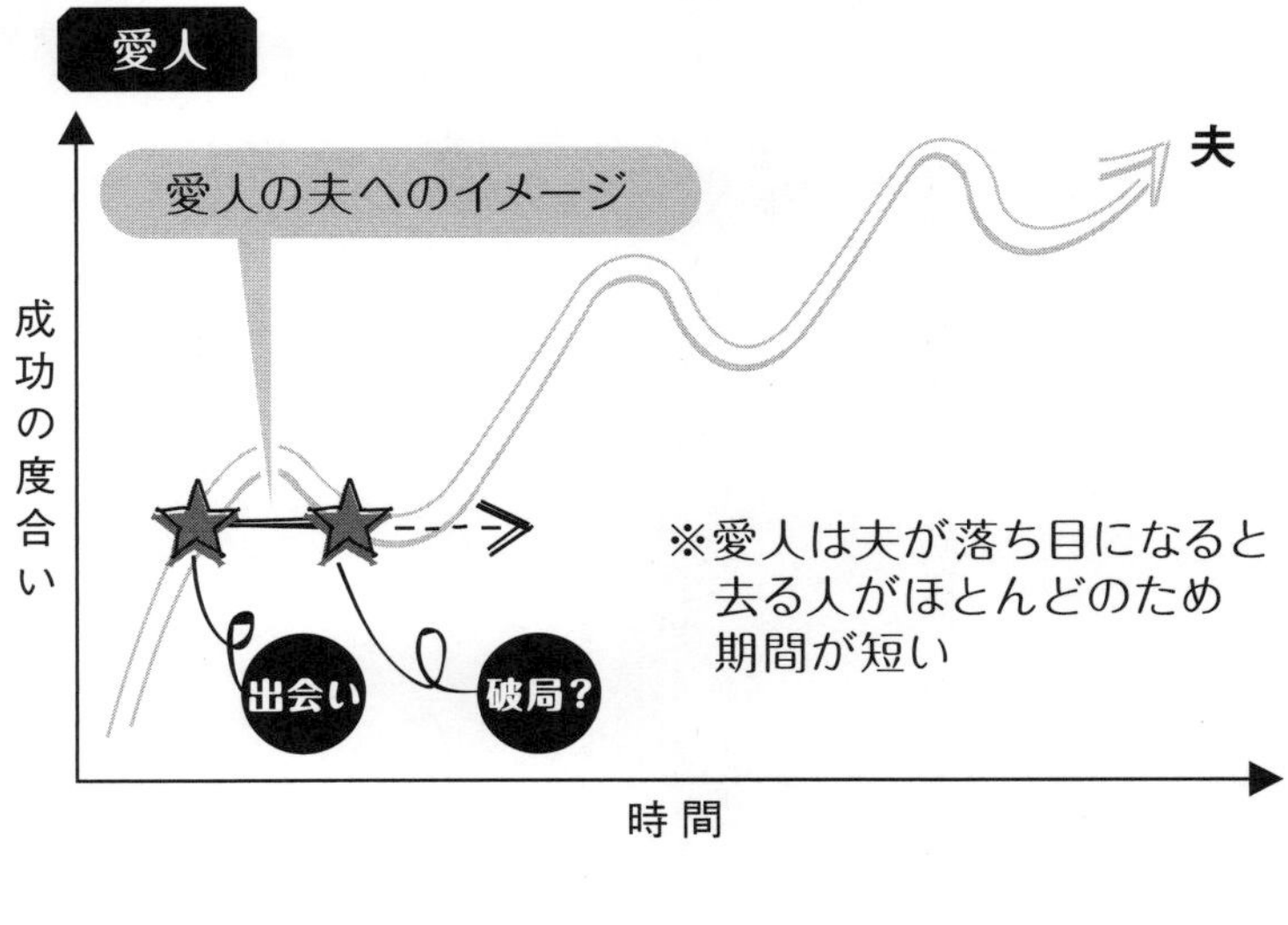
愛人
夫
愛人の夫へのイメージ
成功の度合い
※愛人は夫が落ち目になると
去る人がほとんどのため
期間が短い
出会い
破局？
時間

成功男の不安を解消してあげられるのはどっち？

成功男は、いつでも不安と戦っている

社会的な成功はライバルに打ち勝つことで得られる。

ライバルに打ち勝つということは、勝負をしていることが前提だ。つまり、成功を重ねていくというのは、次々と勝負を続けるということを意味する。

勝負を続けるということは、常に不安と隣り合わせということになる。

成功男たちは、堂々としているように見えても、常に不安と戦っている。不安を解消するために努力を続ける。

当然、いつも不安を克服できるわけではない。

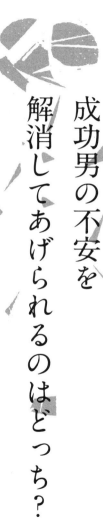

成功男の停滞期は危険サイン、キーワードは「大丈夫」

すでに書いてきたように、成功は直線で上昇し続けない。

上がったり下がったりを繰り返しながらトータルで上がっていく。**上がっている時期はイケイケで不安に簡単に勝てても、下がっていたり、停滞している時期は「大丈夫だろうか」と不安になるもの**である。

こんなときこそ、男性は女性から癒やされたいと思う。

「あなたなら、大丈夫」と言ってもらえることを望むのだ。

本書の例でいうならば、銀行勤務で突然出向が命じられたマサヒコさんの例がわかりやすい。夫が目に見えて「落ち目」と感じたとき、妻はなかなか「あなたなら、大丈夫」とは言えない。

35年住宅ローンの支払や、子どもの学費など心配しなければいけないことがたくさんある。「あなた、本当に大丈夫なの？」と聞きたくなるのは妻のほうである。

だから、矛盾しているかもしれないが、**夫の「落ち目」の時期も愛人ができるリスクは**

かなり高い。

「あなたなら、大丈夫」と安心させてくれる女性がいたら、そちらのほうにグググっと引き寄せられてしまうからである。

成功男が勢いづいて過剰なエネルギーでいっぱいになっているときも危ないが、**停滞期に入って落ち込んでいるときもまた、愛人が脅威の存在となる**ことは意外と知られていないのだ。

「あなたは大丈夫」の根拠を求めてくる成功男への殺し文句

もちろん、「あなたは大丈夫」とただ呪文のように唱えているだけではダメだ。特に心にもないのに「大丈夫」と言われても夫の心は癒やされない。

「なんで大丈夫だと言えるんだよっ」と八つ当たりをされたときに、答えられるだけの根拠は用意しておきたい。

「私は夫の仕事内容なんてなにも知らないし……」と不安に思う必要はない。夫の仕事内容がわからなくても、今なにをしているのかがわからなくてもＯＫだ。

「これまでもずっと荒波を乗り越えてきたのだから、**きっとあなたなら大丈夫。私は心配していないから**」

これで十分なのだ。本当に大丈夫である理由を提示する必要はない。夫が納得すればいいのだ。

この殺し文句を、妻ではなく愛人に言われてしまうときつい。

本来、愛人よりもずっと夫の生き様を見てきた妻のほうがこの言葉に説得力があるはずなのに、「住宅ローン、子どもの学費は大丈夫かしら」と妻が愚痴をこぼせば、妻への不満ばかりが際立ってしまうからだ。

とにかく、ほとんどの夫は妻が「あなたなら大丈夫」と言えば、「ああ、もっと人生で大変なことはあったなぁ」と過去の苦労を思い出すだろう。

「あのときよりは、今のほうがマシだ。やるぞー！」となる。

それでも夫が納得しないこともある。人生最大のピンチだったり、これまで経験したことのない苦労を背負った場合だ。

「これまでとは違うんだよっ。いい加減なことを言わないでくれ！」と一蹴される可能性が高い。

妻だって不安な中「あなたなら大丈夫」と言っているのに、こんな返事が戻ってきたらムッとしてしまう。

「せっかく慰めてあげたのに」とあからさまに腹が立ち、夫婦喧嘩のきっかけになる危険性も高い。

だから、次の言葉も用意しておかなければいけない。

「あなた、本当に私たち家族のために大変な思いをしてくれてありがとう。できることは少ないかもしれないけど、**私はいつでもあなたの味方だから**」

感謝の気持ちと、どんなことがあっても軽蔑したり非難したりしないという誓いの気持ちを伝えるのである。

夫は、ここで**ハッ**とする。自分の先行きが不透明となっても味方をしてくれる人がいる。感謝してくれる人がいると。それだけで励まされる。そして妻のためにも、自分がやれることは頑張ろうと奮起することで、心が慰められる。

殺し文句は必ず妻が使う。

これが鉄則なのだ。

今一番情熱を注いでいることを理解できるのはどっち？

成功男にとって一番興味があることに注目せよ

成功男にとって、一番興味があることは「さらに成功をおさめる」ことである。常に「成長の課題はなにか」「もっと成功するために今やらなければならないことはなにか」に関心を向けている。

一方で糟糠の妻は、子育てを中心とした家庭問題に関心がいきがちだ。そうすると、知らないうちに、次ページの図のように**夫婦が見つめる世界にギャップが生じてしまう。**

行き着く先は、ドラマのありがちなセリフが飛び交う日常だ。

「ねえ、あなた今日息子が学校に呼び出されたの」

「俺は疲れてるんだ。子育てのことは君に任せるって言ってあるだろ？」

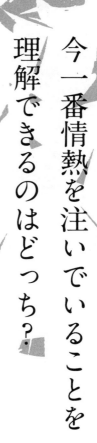

仕事思考（原則）

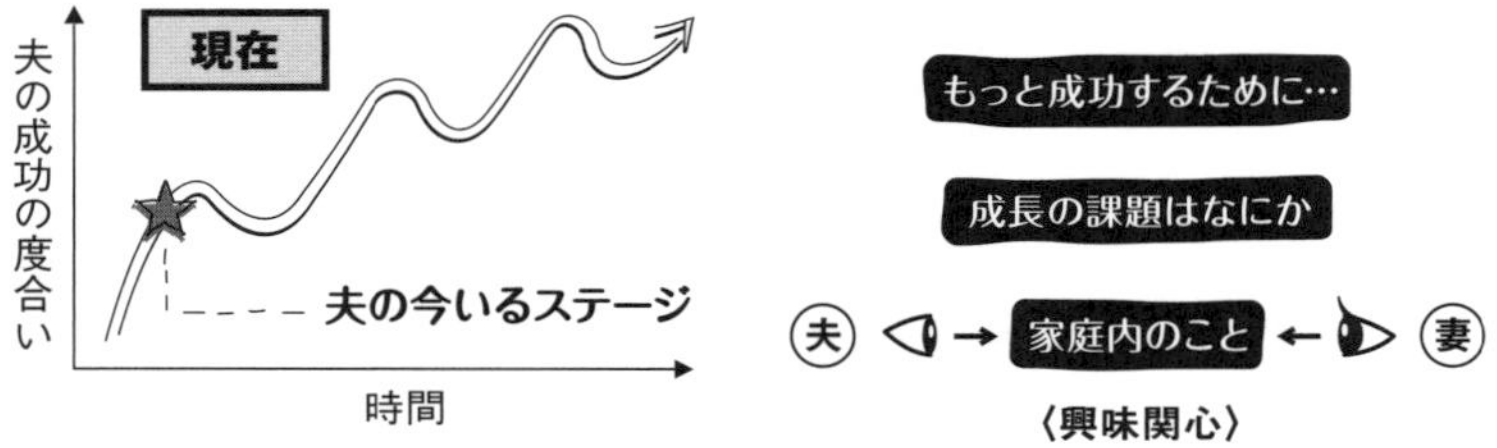
現在
夫の成功の度合い
夫の今いるステージ
時間
もっと成功するために…
成長の課題はなにか
夫
家庭内のこと
妻
〈興味関心〉

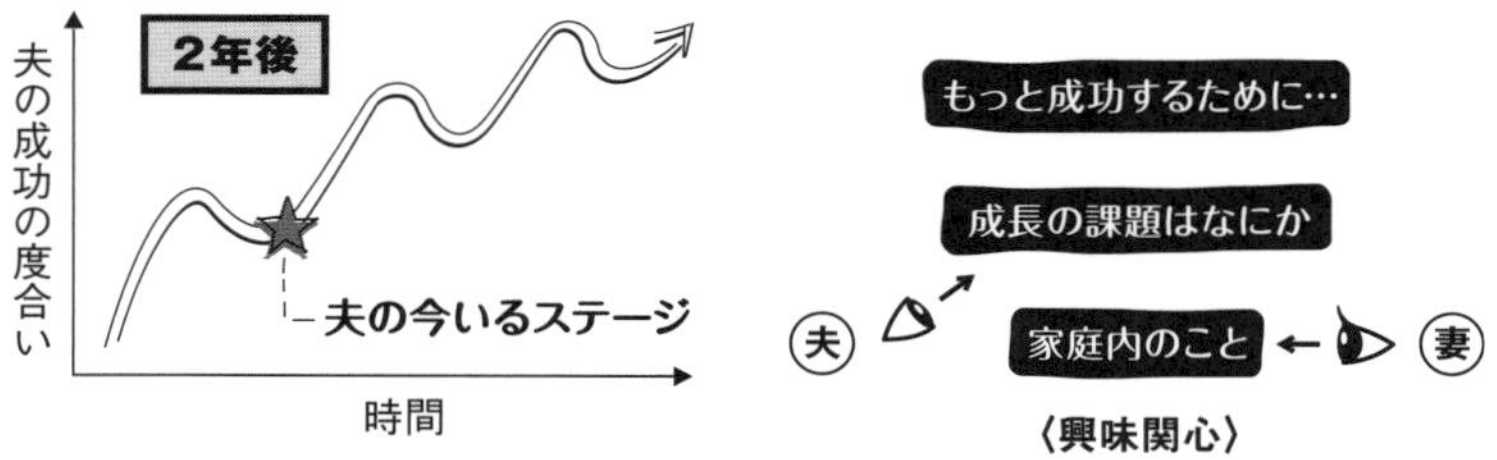
2年後
夫の成功の度合い
夫の今いるステージ
時間
もっと成功するために…
成長の課題はなにか
夫
家庭内のこと
妻
〈興味関心〉

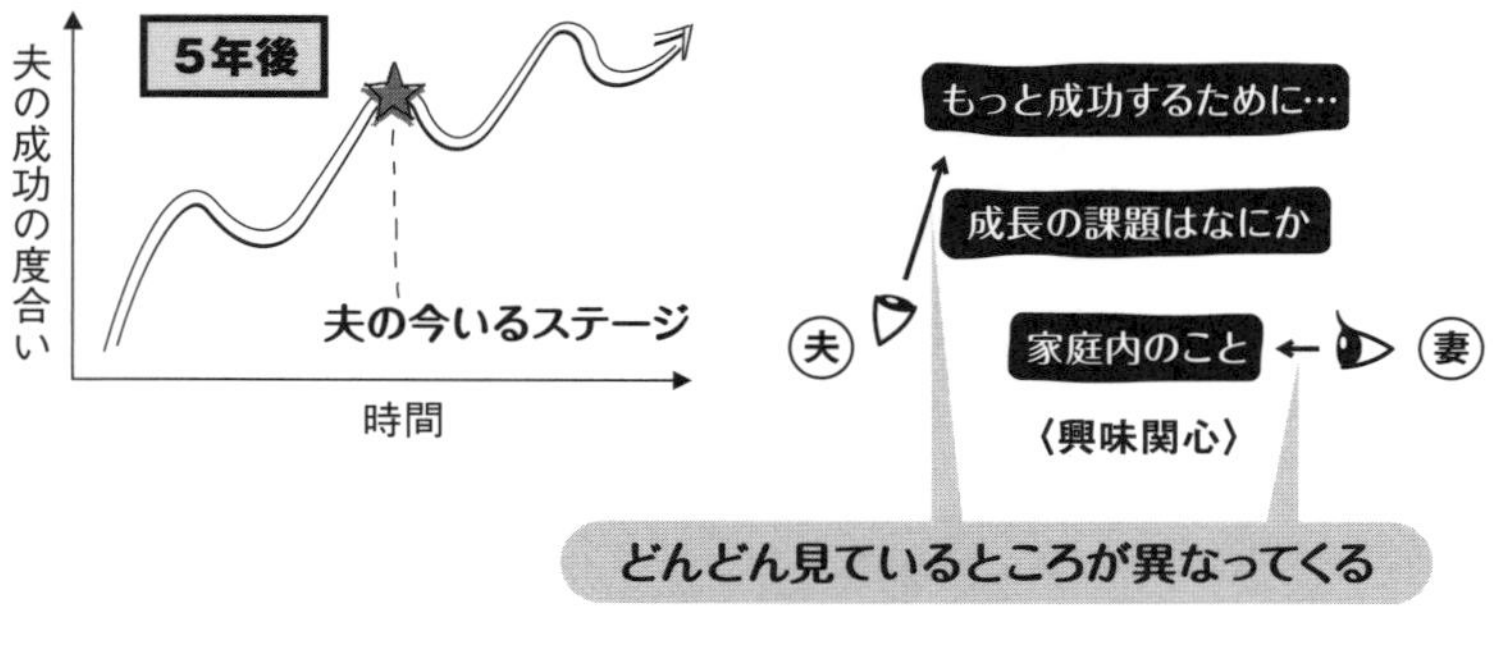
5年後
夫の成功の度合い
夫の今いるステージ
時間
もっと成功するために…
成長の課題はなにか
夫
家庭内のこと
妻
〈興味関心〉
どんどん見ているところが異なってくる

こんな会話も出てくる。

「俺、今日会社で社長賞を取ったんだ！」

「ふーん、よかったわね。それより、明日の晩ごはんはなに食べたい？」

どちらの場合も会話は成り立っている。しかしお互いに相手の話を聞いていない。

したがって、一緒に会話をしていてもつまらない状態になる。

お互いに共感をしたり理解し合ったりすることがないからだ。

最大の理解者となりうる愛人

第1章で見てきたように、愛人の6割は身近な人間関係に潜んでいる。

ほとんどの場合、彼女たちは、仕事や学習、趣味といった夫との共通点を持っている。

特に、成功男は仕事に最も情熱を注いでいる。仕事が最大の関心事だといえる。

だからこそ、愛人は同じ会社の人間が最も多い。

同じ会社の人間となると、夫が今情熱を注いでいることに対して最大の理解者となりやすい。その意味では、**家庭でしか接点のない妻は、愛人と比べて圧倒的に不利な立場にい**

る。夫の仕事に無関心でいると、同じ会社に所属する女性が夫の愛人になる危険性が高まるといえるのだ。

愛人が手を出せない場合とは？

しかし、妻が夫の仕事にまったく興味関心がない場合でも、まれに夫がまったく不満を抱かない場合がある。

夫が仕事よりも家庭のほうに関心を持っている場合である。

図で表すと次ページのようになる。

仕事をしているときは、普通の成功男と変わらないが、家庭に戻ると、妻が見ている景色（家庭）を共有するタイプの男性だ。

典型的なのが、第4章で不倫しにくいタイプとして紹介した「パパタイプ」の男性である。積極的に育児に参加をする「イクメン」とまではいかなくても、帰ってきたら「ただのお父さん」になる。

家庭思考（例外）

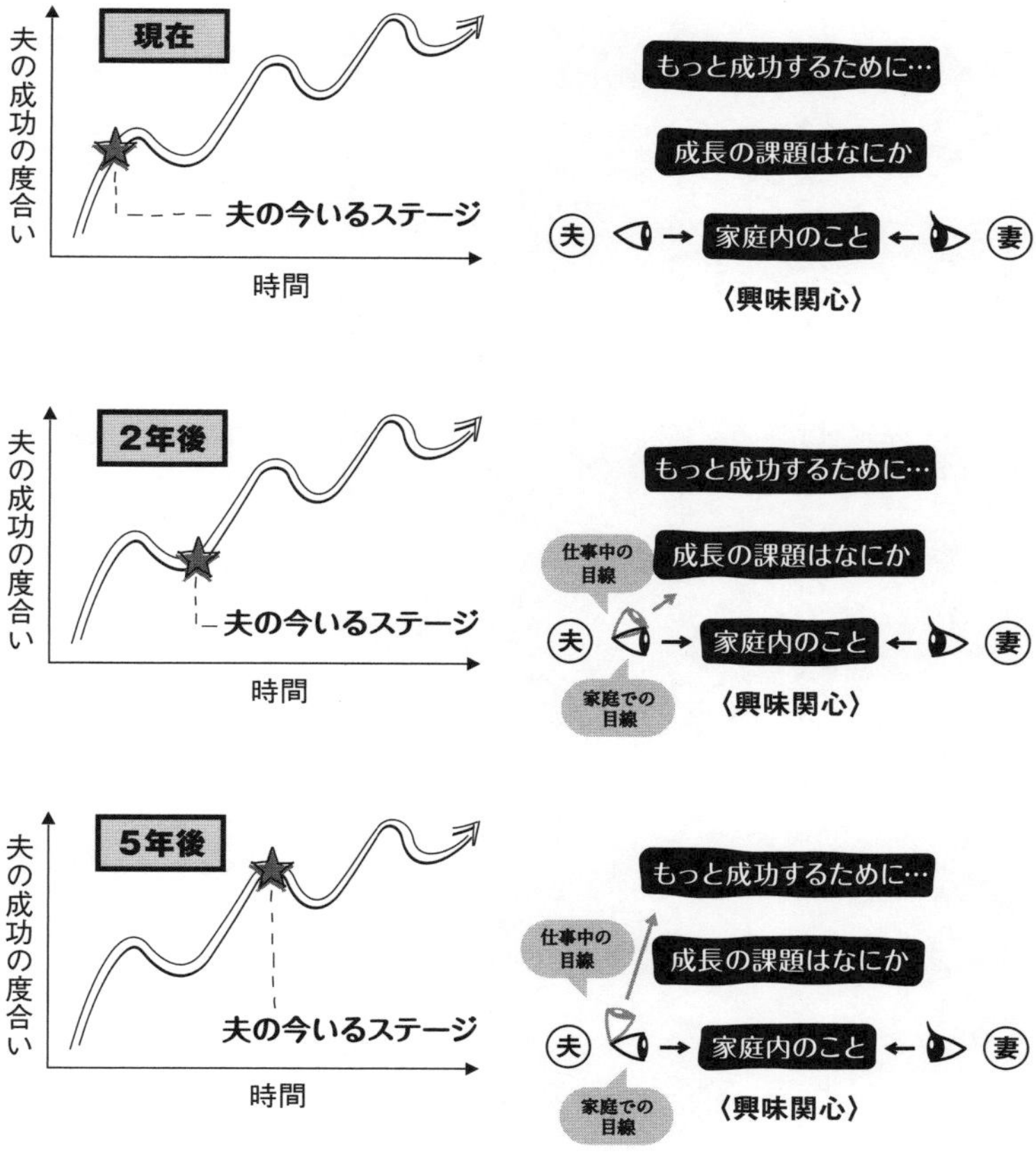

POINT!

家庭に戻ると目線が昔に戻る

先ほどのドラマのセリフでいえば、次のようなやりとりになる。

「ねえ、あなた今日息子が学校に呼び出されたの」

「ええっ。どうしたの?」「お友達と喧嘩をして叩いちゃったらしい」

「それは大変だ。親御さんに謝りに行かなきゃ。僕も一緒に行ってもいい?」


仕事人である以上に、家庭人である意識が高く、夫婦で家庭の問題を分かち合おうとするタイプの男性である。愛人に入り込む余地はない。

はっきりいって、成功男でかつパパタイプの男性と結婚できる女性は世界一の幸せものといえる。


以上、妻への不満を愛人によって解消する危険性について見てきた。

しかし、ここでまだ一度も出ていない論点がある。

それは、**愛人が現れたときに妻はどうするのか、どうすべきか**ということだ。

これまでは「愛人が現れたとき、夫は妻を捨てるのか」という視点を中心にしてきた。

だが、不倫は民法でも不貞行為として書かれているとおり、夫が離婚したくないとしても、妻は離婚を請求する権利を持っている。

当然、**糟糠の妻から夫を捨てるという選択肢もある**のだ。不倫をする夫にしがみつかなければいけないわけではない。

では、具体的に愛人が現れたとき、どんな選択肢を取りうるのか。どんな決断をするにしても正しい判断と賢い行動をしなければ、その後の生活で窮地に追い込まれかねない。そのようなことが起こらないためにも、愛人が現れてしまったときのこともシミュレーションしておくべきだろう。

第6章

成功男に愛人が現れた！そのとき妻が取るべき対処法

夫の浮気が発覚！その意外なキッカケとは？

最近、夫がなんだか怪しい

結婚生活15年を過ぎたばかりの42歳の専業主婦ミヤコさんは、最近夫の帰りが遅いことが気になっていた。夫のジュンジさんは会社経営。年商5億の会社を経営する50歳の男性だ。見た目は45歳よりも若く見える。イケメンではないけれども、最近ダイエットに成功し、今もなおジョギングを続けている。

夫がスリムになりかっこよくなったのは嬉しいけれども、どうも怪しい。

しかし、毎日帰ってくるし、夫婦関係も悪いわけではない。不倫の証拠もない。ただ漠然とした不安を抱えながら過ごしていた。

ある日、ミヤコさんのスマホが壊れたため、新しいものを買いにケータイショップへ行った。それが、浮気発覚の鍵になるとも知らずに……。

スマホの技術革新で浮気がバレやすくなった？

「ああ、確かにもう新しいものに変えたほうがいいですね」。店員が答えた。

「同じ種類のものに変えてくれるかしら。新しいものだとまた覚えるのが大変だから」

「それなら、ちょうど在庫があるので持ってきますね」


こうして、ミヤコさんは早々と新しいスマホ選びを終えた。

「お客様、使い方が少しだけ違っているので説明しますね」

「はい」

「まず、パスワードが6ケタになりました。前は4ケタだったんですけど、セキュリティ強化のためにケタ数が増えたんです」

「えっ？　6ケタなんてなにも思いつかないわよ」

（そういえば、夫も「6ケタの暗証番号がめんどくさい」とぼやいていたなぁ。でも、最近スマホに暗証番号を入れている姿を見てないかもしれない……）

なんとか6ケタの番号でパスワードを作った後、店員は思いがけないことを言った。

「6ケタの番号を入れるのって面倒ですよね。実はこの機種は指紋認証機能があるんですよ」

「ん、指紋認証!?」

「はい、ちゃんと指紋を登録しておくとパスワードを入れなくてもロックが解除されるんです」

(ああ、これか。夫もきっと指紋認証機能を使っているに違いない)

「私が前のスマホを買ってから3年の間にこんなに技術が発達していたのね。これじゃあ、夫のスマホを見たいと思っても無理ね。パスワードも6ケタに増えているし、指紋認証なんてセキュリティもあったら……」

するとと、店員さんが耳元で小さな声でささやいた。

「ここだけの話ですけどね、指紋認証機能のせいで浮気がバレる人って増えているらしいんですよ」

「ええっ! 一体どういうことですか?」

「旦那さんが寝ている間にそーっと奥さんがロック解除しちゃうんだそうですよ。ほら、寝ちゃったら起きない人もいますし」

「それって……。パスワード管理するよりもセキュリティが危ういじゃないですか」

「でも、夫婦の間だけですから」

（これは、もしかしたらチャンスかもしれない）

夫にさとられず、事態の把握に成功

その3日後、夫がいつものように日付を過ぎて帰ってきた。最近金曜日は夜遅くまで飲んでいる様子だ。

「もう風呂に入らないで寝る」と言い、さっさとパジャマに着替えてベッドに倒れ込んだ。5分もしないうちに、ゴー、ゴーといびきが聞こえてきた。

もしかして！　案の定、夫のスマホは枕元に無造作に置いてあった。

ミヤコさんはそのスマホをそうっと持ち、夫の指にあてた。

すぐに液晶画面が明るくなった。

「わ、開いた」。大きな声が出そうになるのをこらえながら、夫のLINEを開いた。LINEにはロックがかかっていなかった。

そこには、確かに愛人らしい女性とのやりとりがあった。ただならぬ会話が毎日繰り広げられていた。

「この人は、家に帰ってからもずっと愛人とＬＩＮＥをしていたんだ……」

こうして、夫の不倫が発覚してしまった。妻としては、一体どうしたらいいのか。

不倫発覚直後、絶対にしてはいけないこと

不倫が発覚したと同時にすべきこと

ミヤコさんのように不倫が発覚したとき、まず妻がしなければならないことがある。夫が「不倫なんてしていない」と言い逃れできてしまったら、愛人問題は解決できない。だから、**一にも二にも証拠を保存（保全）することが重要**なのだ。

ミヤコさんは夫がまだ眠っていることを確認して、彼のスマホをリビングに持っていった。そしてＬＩＮＥの画面を開き、自分のスマホで写真を撮った。

次に、愛人の名前とＬＩＮＥのＩＤを確認した。「アキコ」と書いてあった。

最後に、夫の電話帳アプリを開いた。「アキコ」という名前の女性は１人しかいない。電話の通信履歴を見た。見事にアキコという名前がところどころに確認できる。この女性が愛人だ。

このようにしてミヤコさんは**愛人のＬＩＮＥのＩＤと電話番号を手に入れた**のだ。

「さあ、次はどうしようか」。ミヤコさんの手が怒りで小刻みに震えていた。

発覚直後に問いただすのはＮＧ！

不倫が発覚した直後は、どこに怒りをぶつけようかと衝動的になりやすい。

「あなた、これどういうことなのっ！」と今すぐ叩き起こして問いただしたい。

でも、これはＮＧだ。そうしてしまうとすべてが成り行き任せになってしまうからだ。

問いただし方によっては、夫が家を出ていってしまうかもしれない。

逆に、愛人と別れてくれたとしても、今までのように笑って暮らしていけるのか。

このように、**これから自分がどうしていきたいのかをはっきりさせることが先決**である。その方向性が決まって初めて、行動を決める。

これが夫の不倫と立ち向かうためには鉄則となる。

最初に、ミヤコさんは、夫とは別れたくないと考えた。彼を愛しているというのもあるけれども、まだ子どもは2人とも小学生だ。お金もこれからかかる。夫と別れることで子どもたちの将来に影響が出てほしくない。

だからといって、なにも知らないふりをして夫と過ごしていく自信はない。怒りがいつか暴発しそうだ。

「夫とは不倫について話し合う、しかし離婚はしない」。これがミヤコさんの出した方向性についての結論だ。

まだ、考えなければならないことがある。愛人についてはどう考えるのかということだ。「えっ、当然愛人とは別れてもらうよね」と第三者は思うだろうが、必ずしもその選択肢を取らない人もいる。

この世には、**あえて愛人を認めるという人もいる**のである。

事実。愛人の存在を認める妻もいる

愛人の存在を認める４つのタイプの妻

「愛人を認めるなんてありえない！」と私たちはつい思いがちだが、成功男を夫に持つ妻の中には、私たちとは異なった考えを持つ人も少なくない。

「愛人を認める理由」は、大きく４つのタイプがある。

①芸の肥やしと諦める妻タイプ

１９７０年代ぐらいまでの芸人（噺家、漫才師など）の妻は、「女遊びは芸の肥やし」と、夫に愛人が現れることを覚悟していた。

芸人は歌手が歌を歌うのとは異なり、同じネタを何度もすることが許されない。お客様からいくらその場で笑いが取れたとしても、その笑いが通用するのは1回限りだ。だから常にネタの仕入れが必要となる。

常に新しいネタを用意しなければならないというのは精神的にきつい。そういった精神的不安を女遊びで解消することは、日常茶飯事だったのだ。また、有り余った過剰なエネルギーを妻以外の女性とのセックスで解消することもあたりまえだった。

妻も最初は辛くても「芸人の嫁だから我慢をしなければならない」と離婚をせず、かといって咎めることもなく夫をサポートしていた。

そんな時代が少なくとも数十年前にはあったのだ。

夫が女遊びを通して、また元気を取り戻して仕事をこなせるのならばと、妻は我慢していたということだ。このような考えを持つ妻は、夫に愛人ができたからといって簡単には離婚の選択肢を持たないし、愛人と別れろと夫に詰め寄ることもなかったのである。

②夫の才能や能力に惚れ込んだ妻タイプ

現代でいう中卒でありながら、内閣総理大臣にまで登りつめた故・田中角栄。破天荒な人生を歩んだことで知られる彼の妻・はなさんは結婚するときに3つの約束をさせたという。

「決して出ていけとは言わないこと」
「自分をあしげにはしないこと（雑に扱わないこと）」
「将来あなたが成功をして世に出て、皇居の二重橋を渡るような日があったら、必ず自分を一緒に連れていくこと」

ここまではわりと有名な話なのだが、実はこの続きがある。

「それ以外はどんなことにも耐えますから」というものである。

実際に田中角栄は愛人を何人か作り、そこで子どもも生まれた。妻のはなさんは、愛人と子どもに別れるように迫ったり、慰謝料を求めたりすることは一切なかった。夫と愛人の関係に手をくださなかった。そして最後まで夫と添い遂げた。

約束させた3番目の項目から、はなさんは、田中角栄が社会的に成功することを予感していたに違いないことがわかる。

「成功のために、自分が痛みを伴ったとしても受け入れる。でも捨てられるのだけはいや。夫といつまでも一緒にいたい」という女心が伝わってくる。

夫の才能や能力に惚れ込んだ女は、愛人の存在くらいでは動じない。そんな強さを持った妻もこの世の中にはいるのだ。

③不倫をしている妻タイプ

これまで見てきた2つのタイプとはガラリと変わる。

不倫をしている妻タイプとは、「私も自由にやってるから、夫も好きにしていいよ」という妻である。

夫婦のどちらにも恋愛中のパートナーがいながら、家庭生活を続けているのだ。

どちらも好きな人がいるのだったら別れたらいいじゃないかと思われるかもしれない。

しかし、**離婚には夫婦ともどもデメリットがある**。

夫は「長年連れ添った妻を捨てて愛人に走った」ということで評判を落とす。会社を経営しているのであれば、取引先との信頼関係に影響することもある。サラリーマンだったとしたら、離婚によって出世コースからはずれる危険性もある。

一方で、**妻は生活の基盤を失う**。自分も不貞行為を働いているので、夫から莫大な慰謝料をもらうのも難しい。子どもがいたとしても、養育費しかもらえない可能性が高い。だから新たな働き先を見つけなければいけない。そのとき、なにもスキルを持っていなければ、就職することもままならない。

こうしてお互いに「あの人に惚れた。配偶者とは離婚しよう」とすんなりとはいかず、**夫婦の愛は冷めているのに家庭生活は続けるという、ねじれた日々を過ごすことになる。**

ちなみに、このタイプの妻からたびたび相談を受けるが、彼女たちのほとんどが「不倫に走ったきっかけは夫の不倫」だという。

夫に復讐をするつもりで不倫を始める。いったんやってみると忘れかけていた恋愛のときめきを思い出し、ハマってしまい、不倫がずっと続くことが多いのだ。

④無条件で一方的な妻タイプ

無条件で見返りのない愛を一方的に夫に注ぎ込む妻もいる。①や②と1つだけ大きく違う点がある。

それは、夫の能力や成功のための我慢ではなく、彼女たちは「彼を愛すると誓ったのだから最後まで誓いを果たす」という責任感である。

また、夫に愛人ができたとしても、「私のほうが夫を理解している。夫を本当に幸せにできるのは私」と絶大な自信を持っている。だから愛人に対して目くじらを立てず、「いつか私のところに夫は帰ってくる」とじっと待つ。

相当見返りのない愛に満ち溢れた女性でなければ不可能な芸当である。

しかし、ミヤコさんはこれらの妻たちのように愛人の存在を認めることなんてできなかった。

「この泥棒女!」。ミヤコさんは夫のスマホを床に投げつけたくなる気持ちをぐっとおさえた。今音を立てたら、夫が起きてしまう。勝手にスマホをのぞいたことがわかったら、こちらも夫に対して負い目を背負うことになってしまう。

そう、これからなにをしなければいけないのか。それを考えなければいけないのだ。

愛人の存在を認めない妻が踏むべき３つのステップ

ステップ①証拠を「丁寧に」つかむ

翌朝ミヤコさんは、自分をなんとか奮い立たせて笑顔で朝を過ごした。

「今日も残業があるから、晩ごはんはいらない」と夫のジュンジさんは言ったが、本当は夜、愛人に会うのだ。ミヤコさんは昨晩のＬＩＮＥを思い出して頭に血が上りそうになる。

「ああ、毎日こんなことを考えていたら身が持たない」。ドサッとソファーに倒れ込んだ。これからどうしたらいいんだろう……。

ＬＩＮＥの証拠はつかんだけれども、１つ問題がある。それを見せれば夫のスマホを盗み見したことを告白しなければならない。

はっきりいってこれはプライバシーの侵害だ。そのことを責められても言い返せない。

結局、「自分の集めた証拠は夫に見せたくない」という結論に達した。愛人と別れた後、夫に信頼されなくなるのは耐えられないからだ。

そこで、ミヤコさんは「第三者の証拠集め」に頼ることにした。そう、浮気調査を依頼することにしたのだ。

ピンポイントで調査を頼めば、そんなにコストがかからないとテレビ番組で見たことがある。今は夫のＬＩＮＥを確認できるから、愛人と会う日はピンポイントでわかる。だから調査会社を使っても、そんなに莫大な金額にならないだろう。

つまり、ＬＩＮＥの証拠をそのまま夫につきつけるのではなく、効率よく浮気調査を依頼する手段として使うことにしたのだ。

ミヤコさんは1日だけ調査を依頼した。25万円程度で夫が愛人とラブホテルに入っていく写真、愛人の正式な名前と住所、電話番号などの情報を手に入れることができた。彼女はやはり「アキコ」。夫の部下で37歳の未婚の女性だった。

素人の〝探偵ごっこ〟にはリスクがある!?

次の図を見てほしい。これは証拠を集める際に考えておかなければならないことを表し

証拠集めについて

	こんな人にオススメ	リスク
自力	・お金をかけたくない ・尾行するなどの時間がある	・時間のわりに証拠が見つからない ・調べていることが夫にバレると夫に嫌われることも
プロ	・確実な証拠がほしい ・時間がない	・コストが予想以上に増えることも ・調査会社を使うことでまれに嫌われることも

たものである。

図にあるとおり、自分で集めるのであれば、調査会社のようなコストはかからない。

しかし、自分だけで集めるというのは２つのリスクがある。

１つは、**きちんと証拠となるレベルの証拠を集められない可能性**だ。今回のミヤコさんのようにＬＩＮＥののぞき見に成功し、あられもない写真とメッセージのやりとりが出てくればいいが、現実はもう少し微妙なものしか出てこないこともある。

たとえば、「今夜は楽しかった。愛してる」程度のものは証拠としては採用しにくい。妻からすると、「心が奪われた段階で不倫よ！」と言いたくなる。しかし、通常は**法律的には**

「性行為」があって初めて不倫と認められる。

手をつなぐ、キスをするぐらいでは「性行為」とは認められない。お互いの裸の写真をLINEで送り合っていたとしてもそれは「性行為」ではないので不倫とは認められない。ある意味、性行為よりもすごい行為なのだが……。

性行為そのものの写真でないと性行為の証拠とならないのか。そうではない。**「社会通念上性行為があったよね」と思わせられる写真であればいい**。

たとえばラブホテルに入る写真がその写真にあたる。「ラブホテルでカラオケをしていた」と苦しい弁解を夫が主張するならば、夫はカラオケしかしていないことを証明しなければならない。

自分だけで証拠を集める2つ目のリスクは、**夫が逆ギレしてしまう危険性**だ。これは、ミヤコさんが懸念したポイントだ。そもそも妻は無断でスマホを盗み見しているのである。夫婦といえどもプライバシーがある。不倫のプライバシーは決して保護されるべきではないが、だからといってすべてが妻の前にあらわにならなければいけないものでもない。「なんで人のものを勝手にのぞくんだ!」と夫が怒り狂った結果、開き直って愛人のもとに走るケースも少なくない。

また、自分が証拠だと思っていたものが証拠のレベルに達していないものだったとしたら……。「ただスマホをのぞき見ただけのいやらしい妻」ということになる。一気に妻の立場が弱くなる。

夫のスマホは二度と見ることができなくなるだろうし、夫は不倫を隠すのが上手になるだろう。一度夫を怒らせた手前、不倫について追求することを自粛せざるを得なくなる。こうなると、意図せずして夫の不倫に耐えなければならなくなる。

１人で証拠を集めて、証拠であるかを判断して、夫につきつけるという行為はこれほどまでにリスクが高いのである。

ステップ②誰に証拠をつきつけるか

「実際に証拠を見ちゃうときついものですね」

調査結果を見せられたミヤコさんは深いため息をついた。動画も確認した。夫はラブホテルの前で愛人とディープキスをし、胸をまさぐったままラブホテルに入っていったのだ。な、情けない……。

「みなさん、そうおっしゃいますね……。本当はなにもなければいいいんですけど、ちゃんと証拠を揃えられたのは不幸中の幸いです」

調査員のヤマダがミヤコさんの目の前にコーヒーを置いた。

「あの、私はこれから一体どうすればいいでしょうか」

「離婚を望んでいるのであれば、証拠を旦那さんにつきつけるだけの話なので簡単です。でも、ミヤコさんは離婚を望んではいないのですよね？」

「はい、まったく。夫が愛人と別れてくれさえすればいいです」

「だとすると、不倫をやめてと言わなければいけません。ここで問題になるのは、やめてと言う相手を誰にするかということです」

「え、夫に決まってるじゃないですか！　夫が別れてくれたらそれで丸くおさまる話なのですから」

「実はそうとも限らないのですよ」

調査員のヤマダは、少し不敵な笑みを浮かべながら説明を始めた。

証拠をつきつける相手は夫とは限らない

「ミヤコさん、証拠が集まったとしてもそれを使わなければ不倫は終わりません。これから考えなければいけないことは、その使い方についてなのです」

「そりゃあ、夫に証拠を見せて『不倫はやめて！』って言うつもりです。これだけ証拠を集めていたら、夫は言い訳できませんよ」

「確かにそうですね……。でもそれでいいんですか？　ほかにもやり方があるかもしれませんよ」

「え、ほかに？」

調査員ヤマダは、話を続けた。

「ミヤコさんのように**旦那さんに証拠をつきつけた場合、必ずしも旦那さんが謝るとは限らないんです。奥さんが許す気持ちでいて、旦那さんが謝ってくれれば、もう半分以上解決です**。不倫という試練と２人が向き合って乗り越えていくことができるでしょう。

しかし旦那さんが『**なんで調査会社なんか使って俺を調べたりするんだ！**』**と開き直って逆ギレをして愛人に走ってしまう危険性もある**んです。それに、やっぱり不倫って許せないじゃないですか。だからどうしても奥さんが気持ちのコントロールが利かなくなって、包丁を持って追いかけるなんてことも少なくありません。

当事者同士だからこそ、冷静に話し合えなくて、話があらぬ方向に行ったり、衝動的に暴力や犯罪に発展することもあるんです」

うう……。私も自分の心のバランスを保てる自信がない。ミヤコさんは不安な気持ちになった。

「なんだか我が家もヤバイ気がしてきました。そうならないための方法はほかにないでしょうか」

「もちろん、あります。それは『**愛人のほうから別れてもらう**』方法です」

愛人と直接対決は避けたほうがよい

「えー、自分から愛人のところに行くんですかっ！　ひゃー！」

考えただけで心臓がバクバクする。まさに修羅場だ。

「いえいえ、そうじゃないです。だいたい奥さんが行くと失敗します。理由は2つあります。

1つは、**愛人に会うというだけでも奥さんにとっては生々しく精神的ダメージが大きい**ので、たいてい冷静な話し合いにはなりません。ただヒステリックにわめき立てたり、殴りかかったりするなどして問題を起こす奥さんも少なくありません。

もう1つは、**ちゃんと不倫をやめさせるまで追い込むことが難しい**ということです。もちろん奥さんが、『夫と別れてください』と言えばたいていの愛人は一時的には別れますよ。でも、ほとぼりが冷めたら、『今度はバレないように会いましょう』とさらに不倫のスキルを上げて関係を継続するリスクもあります」

「ヤマダさん、この選択肢はないですね。愛人と会うだけでも精神的にダメージを受けるのに、さらに不倫がわかりにくくなるって最悪じゃないですか。愛人に証拠をつきつける選択肢はないです」

「そう判断するのは、まだ早いです。愛人に証拠をつきつけるのは奥さんではなく、弁護士ならどうでしょうか。うちで提携している弁護士ならちゃんと情報を共有できるのでスムーズです」

「え、またお金かかりますよね……」

「まあ、そうですが、費用対効果はかなり高いかもしれません」

ミヤコさんは最終的にこの選択肢を取った。

3つ目の選択肢は、夫の両親や会社など当事者以外の第三者に証拠を持っていくという方法だった。これは、巻き込む人が増えるため問題が複雑化しやすい。したがって、「夫が愛人と別れてくれればＯＫ」という人には向いていないとのことだった。

特に、**会社にバラす場合は夫の社会的信用が損なわれ、仕事を失う危険性もあるという。そうなるとこれからの家庭生活にも影響してくる。つまり自分の首を絞めることになる。**この方法を取るのは、共働きで経済力のある女性が多いのだそうだ。夫の収入をあてにしていないので、夫に大打撃を与えても痛くも痒くもないというわけだ。

それから2週間後、無事に夫と愛人はスムーズに破局をした。夫は毎日家に早く帰ってくるようになった。

「最近帰ってくるのが早いわね」とミヤコさんが聞いたら、夫からは「大きなプロジェクトが終わったんだ」という回答が返ってきた。

そう、私もプロジェクトが終わったところなのよ……。

すんなり夫と別れさせることに成功したワケ

その日、ミヤコさんは馴染みのない喫茶店にいた。隣のテーブルには愛人と弁護士が深刻そうに話し込んでいた。弁護士は「もしバレたらどうするんですか」と反対したが「調査写真じゃよくわからなかったからどんな人が夫をたぶらかしたか顔を見たいし、どうしても愛人がなにを言うのかを知りたいんです」と言って聞かなかったためだ。

絶対に取り乱さないことを約束して、コーヒーを飲む。

「ジュンジさんとは別れます！　ごめんなさい！」

愛人のアキコは美人だけれども37歳にしては老けている。というよりも弁護士からの郵便物が届いてからやつれてしまったのかもしれない。

郵便物には、ミヤコさんが入手したＬＩＮＥのやりとりやあられもない写真、ラブホテルの写真、そしてあのいやらしいホテルの前で撮影した動画が入っていた。

「夫にこのことをなにも言わず黙って別れれば慰謝料の請求はしない」と書かれていた。

本来ならミヤコさんは慰謝料を請求する権利はある。

しかし**ミヤコさんがほしいのはお金ではなかった。それよりも手っ取り早く不倫を解決したい**。そのためこのような書き方になったのである。

弁護士はいたって事務的だった。

「それでは、ここにサインと捺印をお願いします」

その書類には、もう二度と連絡をしないという誓約と、一度でも誓約を破った場合１０００万円払いますと書かれていた。

「関係を持たない」ではなくて、「連絡をしない」ということで、言い訳ができないよう

にしているのがわかる。

その後2人は、書類を公正証書にするために公証役場へ向かっていった。

つまり、誓約書を公文書化したということだ。これによって「不倫は二度としない」と約束をした証拠をゆるぎないものにし、愛人にペナルティを課しやすくするのだそうだ。

夫はその後も態度が変わらなかったところを見れば、愛人は夫にこの事情を告げることなく一方的に別れを告げたのだろう。

こうしてミヤコさんの家庭に平和が戻ってきた。

……と思いきや、やはりそう簡単にはうまくはいかない。

半年後、夫はまた帰ってくるのが遅くなってきたのだ。

「また、新しい愛人が現れたのかもしれない」

また、ミヤコさんは夫のスマホを片手に持ち、寝ている夫の指にあてた。

ステップ③夫の不倫を愛人問題と考えるか、家庭問題と考えるか

ここまでミヤコさんの例を通して不倫発覚時、妻はどうしたらいいのかを見てきた。

まとめると、次ページの上図になる。

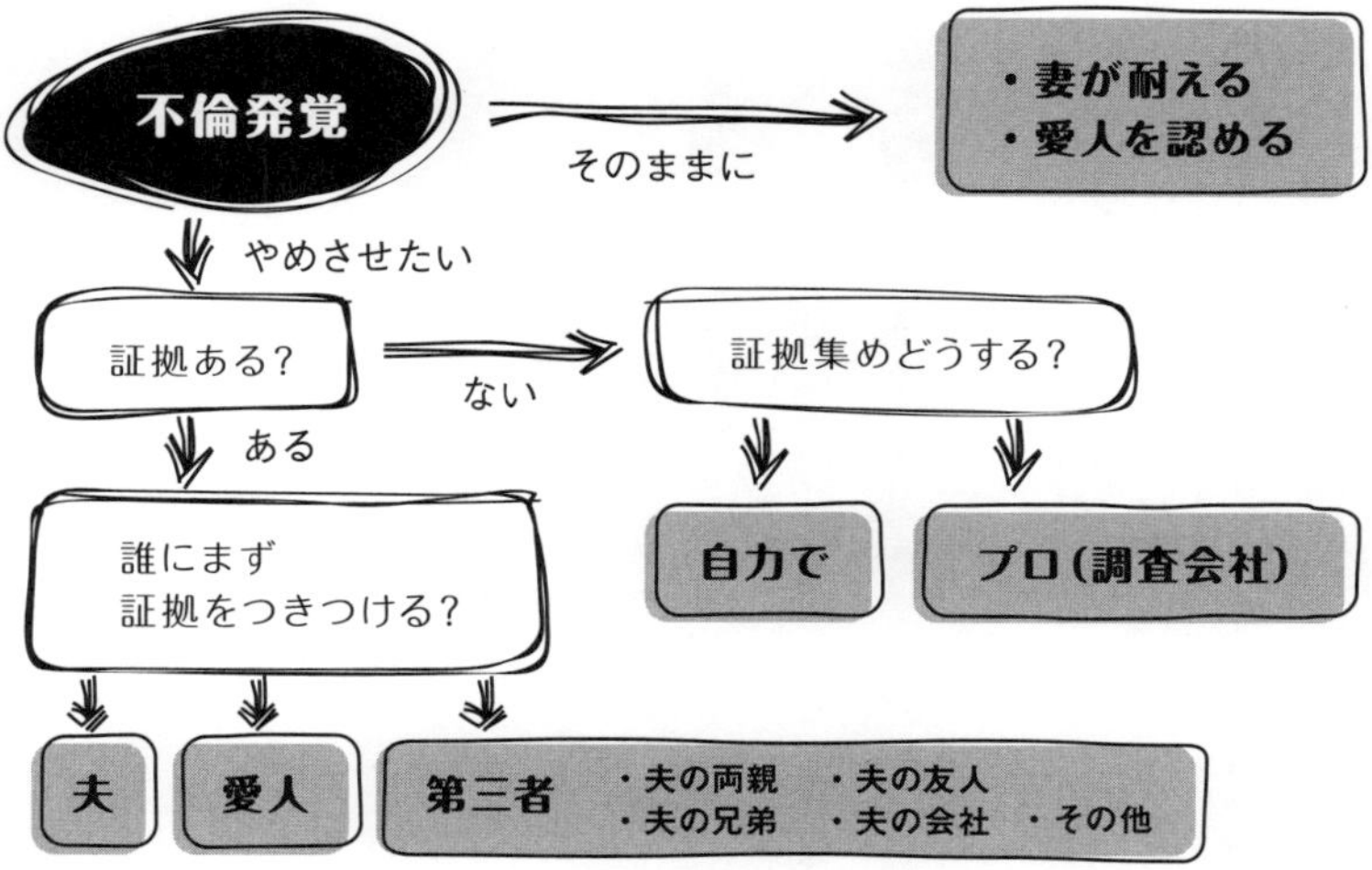

	こんな人にオススメ	リスク
夫	2人で問題を通して向き合いたい	ケンカに発展し夫が家を出るケースも
愛人	家庭に波風を立てず不倫をやめさせたい	夫が不倫を反省しない、また新たに不倫をする危険大
第三者	夫と向き合う前に味方がほしい	巻き込む人が増えるため、大事になりやすい。夫が社会的信用と仕事を失う可能性あり

証拠を集めた後、その証拠を誰につきつけるのかということにメリット、デメリットがあることも見てきた。

それは前ページの下図になる。

ここで、注目をしてほしいのは、**愛人に証拠をつきつけた場合のデメリット**だ。

「愛人のほうから別れてくれたらありがたい」ということで、ミヤコさんは証拠をつきつける相手として、夫ではなく愛人を選択した。

見事、愛人は夫と別れた。

ところが、**夫はこの件の当事者でありながらも、不倫の後始末をしていない。不倫そのものについての痛みをまったく体験していない。**

「なんだか振られちゃったけど、また違う恋愛したいなぁ」というだけで、不倫への誘惑が消えたわけではないのだ。

確かに、愛人問題は解決したが、**次の愛人を作られてしまう根本的な原因は解決されていない**。「家庭の中でしっかりと不倫問題に向き合った」とはいえないのである。

目の前の愛人を去らせるには、愛人から攻めていく方法は効率的かもしれない。ミヤコさんのように不倫発覚当時も、夫との関係が良好な場合は夫との関係を壊したくないという妻も少なくない。しかし、本質的には不倫は深刻な家庭問題である。

全面的に解決したいのならば、目の前の愛人を去らすだけではなく、これから夫婦で不倫問題にきちんと向き合っていくというアプローチも必要となってくる。

では、次にどんなことをすればいいのかについて具体的に見ていこう。

目をじっと見て「次はもうないわよ」のひと言で効果十分！

ミヤコさんはほとんど完璧に不倫を解決した。しかし、１つだけ足りなかったことがある。この問題を解決したのは弁護士であり、**いつのまにか主役が弁護士と愛人になってしまった**ことだ。本当の主役であるはずの夫婦がまったく参加していないのである。

これでは、新しい不倫問題が起こっても無理はない。夫に反省する機会がなかった以上、次も同じ調子で不倫を繰り返してしまう危険性が高い。

どうしたらいいのか。それは不倫問題が解決した直後に、夫に告白をすることである。

それは、**「実は、あなたが最近まで不倫をしていたのを知っている」**ということだ。

ここでのポイントは「不倫をしていた」ということである。しかもじっとまっすぐ目を見て夫に伝えることが重要だ。

証拠をつきつける必要はない。目で語るだけでよい。

「なに言っているんだ」と大半の夫がしらを切るがそれでもよい。**不倫がバレていたというプレッシャーを与えるだけで十分**だからである。

直後のタイミングだからこそ「バレていた」ことがわかる。この場合、多くの男性は、「証拠を出せ！」とは言ってこない。

妻にこれ以上追及する気持ちがない。だから夫にとっては、蒸し返すことはリスクでしかない。嘘をつき通せない可能性が高いのであれば、それ以上証拠を求めてくることはない。

それにすでに愛人と別れているのであれば、妻と喧嘩をする意味もない。

夫がしらを切るというのは一見腹が立つけれども、夫の視点から見れば、「結婚生活は続けていきたい」からこそそうしているのだ。素直に謝るならばなおさらである。

最後に「**次はもうないわよ**」と添えることも忘れないようにしたい。「妻には次の不倫もバレる。〝次はない〟というのは、なにをするつもりなんだろうか」と怖がらせておくくらいがちょうどいいのだ。

夫にはこれからも成功してもらって、家庭を支えてもらわないといけない。だから夫とやっていく、という選択肢を取った場合は、二度と不倫の話を出さないようにしよう。

成功男は特に、未来へ未来へと気持ちが向かっている。過去の話を何度も蒸し返されると嫌気がさしてくる。このさじ加減を間違うと、夫婦生活が破たんする危険性もある。

それにしても、「なんで不倫をされた側がここまで気を遣わなければいけないのか」と女性である私自身、腹立たしくなってくる。

改めて確認をしたい。

あくまで不倫というのはする側が悪いのであって、される側は悪くない。

しかし、夫には愛人を作る「言い分」がある。

さらにいうと、糟糠の妻を捨てる「理由」も存在する。

その中でも最も大きな理由をひと言で表すと、「夫が関心を抱くものごとに対して、妻がイマイチ理解できない」ということだ。

だから、何度も書いてきたとおり、一番関心が一致しやすい会社の人間との不倫が最も多い。

そう考えると、糟糠の妻がどんな妻を目指していけばいいのかが見えてくる。糟糠の妻は糟糠の妻のままでいてはいけない。最終章で詳しく見ていこう。

第 7 章

糟糠の妻よ、最強の妻となれ！

しっかりした妻をだれが見つけることができよう。彼女の値打ちは真珠よりもはるかに尊い。夫の心は彼女を信頼し、彼は「収益」にかけることがない。彼女は生きながらえている間、夫に良いことをし、悪いことをしない。

『聖書 新改訳』（いのちのことば社）より

夫に捨てられない新・糟糠の妻とは

新・糟糠の妻は「量よりも質で勝つ！」

これまで糟糠の妻がどうして捨てられていくのかを見てきた。

夫と妻の見ている世界に埋められないギャップができる。このギャップの間に愛人が滑り込んでくることにより、夫が奪われるという話だった。

私たちは見つめているものをベースにして話題が生まれる。

だから見ているものが違えば、話がかみ合わなくなってくる。かみ合わなくなると、意思疎通がうまくいかなくなる。

「話が合わないからつまらない」と夫婦はお互いに感じるようになる。このことがきっかけで夫婦の間に隙間ができてくる。

そこを埋め合わせてくるのが愛人である。

成功男は常に成功し続けようとするから、最大の関心事は常に仕事である。だから不倫相手は同じ会社の人間が多いという話は何度もしてきたとおりだ。

妻は夫と同じ会社で働いていない限り、夫の仕事に関する知識量は同じ会社の人間にはかなわない。

しかし、**夫の仕事に関する知識の量で勝てなくても、「質」で勝つことができれば、愛人よりも夫を理解できる**妻がこの世の中にはいる。

その妻こそが、**新・糟糠の妻**なのだ。

夫の仕事に関する知識の「質」で勝つとは一体どういうことなのか。

夫が妻に理解してほしいのは〝仕事そのもの〟ではない

実は、夫の仕事内容そのものの知識を多くしたところで、夫婦の関係がよくなるわけではない。ただ単に、夫が職場でなにをしているのかを理解できる程度である。

夫は「なにをしているのか」よりも、**「なにを感じて働いているのか」**を分かち合いたいと思っているのである。

たとえば夫が高性能掃除機の販売ビジネスに成功していたとしよう。このとき夫は妻に売っている掃除機の性能の知識を求めてはいない。

夫はなぜ高性能掃除機を売り続けようとしているのかということを妻に理解されたいと思っているのだ。

つまり、**新・糟糠の妻がすべきなのは、夫の心理を理解すること**に尽きる。

そこでは、人の心の機微を敏感にとらえる感性の豊かさが求められるように見えるかもしれないが、実はそうではない。

夫の心理は、実は情報となって見える形になっていることがほとんどなのである。情報の集め方がわかれば、夫の心のツボをおさえやすくなるのだ。

夫を「質よく」理解するための３つのポイント

１つ目は夫が勤める会社のホームページにアクセスすることである。全部読むと膨大な量になるので、すべてを読む必要はない。章のはじめでもいったように、知識の「量」よりも「質」が大事だということを忘れてはならない。

見るべきポイントは次の３つに決まっている。

①トップページに掲載されているキャッチフレーズ
②会社の理念
③社長の挨拶

ここで注目すべきは、商品が入っていないことである。最新商品のチェックぐらい必要ではないかと思われるかもしれない。しかし考えてみれば、家庭で最新商品の話をする夫はほとんどいないはずだ。だからほとんどの場合、必要ないといえる。

「①トップページに掲載されているキャッチフレーズ」は、夫がこれから目指していく将来の姿を表していることがほとんどだ。「今売れています」のような〝今どうなのか〟ではなくて、「埃のない誇りあるご家庭に！」（掃除機のキャッチフレーズ）のようなものになる。

「埃のない誇りあるご家庭に！」

これだけを頭に思いめぐらせてみると、「家から埃がなくなってきれいになったら、旦那に『きれいだね』って褒められそう」というイメージがわいてくる。そうすると、奥さんがウキウキしている姿が目に浮かんでくる。

また、「夫は奥さんが家で『埃！』と文句を言われないで過ごせるようにしてあげたいんだなぁ。すごく優しいなぁ」と感じる人もいるかもしれない。

成功男は、儲けるためだけに働き、成功したのではない。お客様の役に立ってきたからこそ、成功しているのである。

キャッチフレーズのような短い文章では、そこまで感じられない人もいるだろう。でも大丈夫。そういう人は、「②会社の理念」を見ればいい。会社の理念には、なにを目指して仕事をしているのかがわかりやすく書いてあるからだ。

「理念」というページがなければ、「会社の製品（もしくは会社の名前）について」というページを探そう。理念という言葉が使われていなくても理念が書かれている。

夫が社長ならば、欠かせないのが「③社長の挨拶」だ。会社の理念以上に、社長としての本音が書かれていることがほとんど。ここでわかるのは、夫が一社会人としてどのような思いで働いているのかということだ。

ここまで紹介した3つは、いずれも専門的な知識がなくても理解できるように書かれている。こうして、**ホームページを読むだけでも、夫の仕事に対する姿勢、つまり「心」を理解することができる**のだ。

雑誌やテレビなどのメディア掲載内容のチェック

夫が経営者であれば、ホームページにメディア掲載履歴を紹介していることも多い。

もしホームページに掲載していなければ、会社名や夫の名前を「インターネット検索」してみることだ。

なぜ、メディア掲載内容のチェックをする必要があるのか。それは、**世間が夫をどう評**

価しているのかがわかるからだ。

糟糠の妻は、夫がいくら成功をしていても、成功する前の夫のイメージしか持っていないことが多い。妻が家庭しか見つめていないからだ。その結果、夫と妻の見る世界にギャップが広がっていく。

その**ギャップを埋めるのが、メディア掲載履歴**なのである。

ただし、いちいち「この雑誌であなたのインタビューを読んだよ」などと言う必要はない。夫が見ているもの、夫が発信しているメッセージを日々受け取っていくだけで十分だ。これだけで夫の世界を理解する助けになる。

理解できれば、夫が話すことに興味がわいてくる。興味がわくと、2人の会話がはずむ。そのことが大切なのである。

注意しなければいけないのは、**インターネット掲示板。これについては無視をする**こと。掲示板は、無責任なメディアだ。誰でも好き勝手に書けるので、ライバルが嫌がらせに活用することも少なくない。

掲示板では、いわれなき誹謗中傷があたりまえだということがわかっていたとしても、やはりそれを目にすれば不安になる。だから、興味本位で閲覧するのはまったくおすすめできない。

フェイスブックは今の夫の心を知る最強のツールだ

最後は、夫のフェイスブックだ。

特に夫が成功男の場合は、フェイスブックはビジネスの一つとして使われるので、〝一般公開設定〟で投稿をしていることが多い。こちらは、夫のリアルな生の声が掲載される。「ああ、夫はこんなことを考えているのだ」とか「今日はこんなところにいるのか」とか写真や文章を読んで情報を収集することも大切なことだ。

「そんなの家で夫に聞けばいいじゃないか」と思われるかもしれないが、そうはいかない。夫は妻が「自分のことを理解しない」と思ったら次第に、仕事の話をするのが億劫になるからだ。

だからといって、妻が夫の投稿に対して「いいね！」を押したり、コメントを書くと、夫の調子が狂うことも多い。他者から見れば、夫婦漫才のようで面白くもなんともない。

そうっと見守りながら、情報収集をするのがよいだろう。

実は、夫がフェイスブックに投稿した話題は一番盛り上がりやすい。会社のホームページやメディア掲載の場合は、執筆から掲載まで時間がかかることも多い。書いたものが出るころには、もう夫の熱が冷めていて、話が盛り上がらなかったりする。

一方で、フェイスブックは即時投稿だ。

今夢中になっていることがそのまま公開されている。だから、今日の投稿の話をすると「ああ、それね」と夫が心を開いて話してくれる可能性が高い。

会社のホームページやメディア掲載履歴を調べるのが面倒でも、フェイスブックだけは毎日読んでおくことをおすすめする。


以上、夫の情報を質よく理解するための3つのポイントを説明してきた。この3つをおさえることによって、夫とのコミュニケーション力を高めることがわかった。

3つのポイントをおさえる効果はそれだけではない。もう1つ大切なことがわかる。それは、**夫の成長曲線が今どうなっているのか**、ということだ。

糟糠の妻は、なかなか夫の成長曲線を理解できない。その結果、最強の女が現れると、たちまち奪われる危険にさらされる。

しかし、**新・糟糠の妻は「調子がいいのか、停滞しているのか」という夫の成長曲線をきちんと把握できている**ので、簡単に愛人から奪われることはない。

夫に捨てられない妻、新・糟糠の妻

新・糟糠の妻の成長曲線は最強の女よりもパワフル！

糟糠の妻と愛人の成長曲線はすでに記してきたとおりとなる。糟糠の妻は、夫が上昇トレンドにあっても、停滞している状態であっても関係なく、自分の家族を中心としたところにしか関心を示さない。

一方、愛人は夫が上昇トレンドにいるときにやってきて、停滞しそうになったらパッと身を引く。さらに、停滞していたとしても支えるという最強の女も紹介した。

ここまでで一番夫の心をつかむのはこの最強の女だったが、新・糟糠の妻はさらに踏み込んでいく。

常に夫の情報を質よく入手しているので、夫が今調子がいいのか悪いのかを判断できる。その動きに合わせて、妻も動くのである。

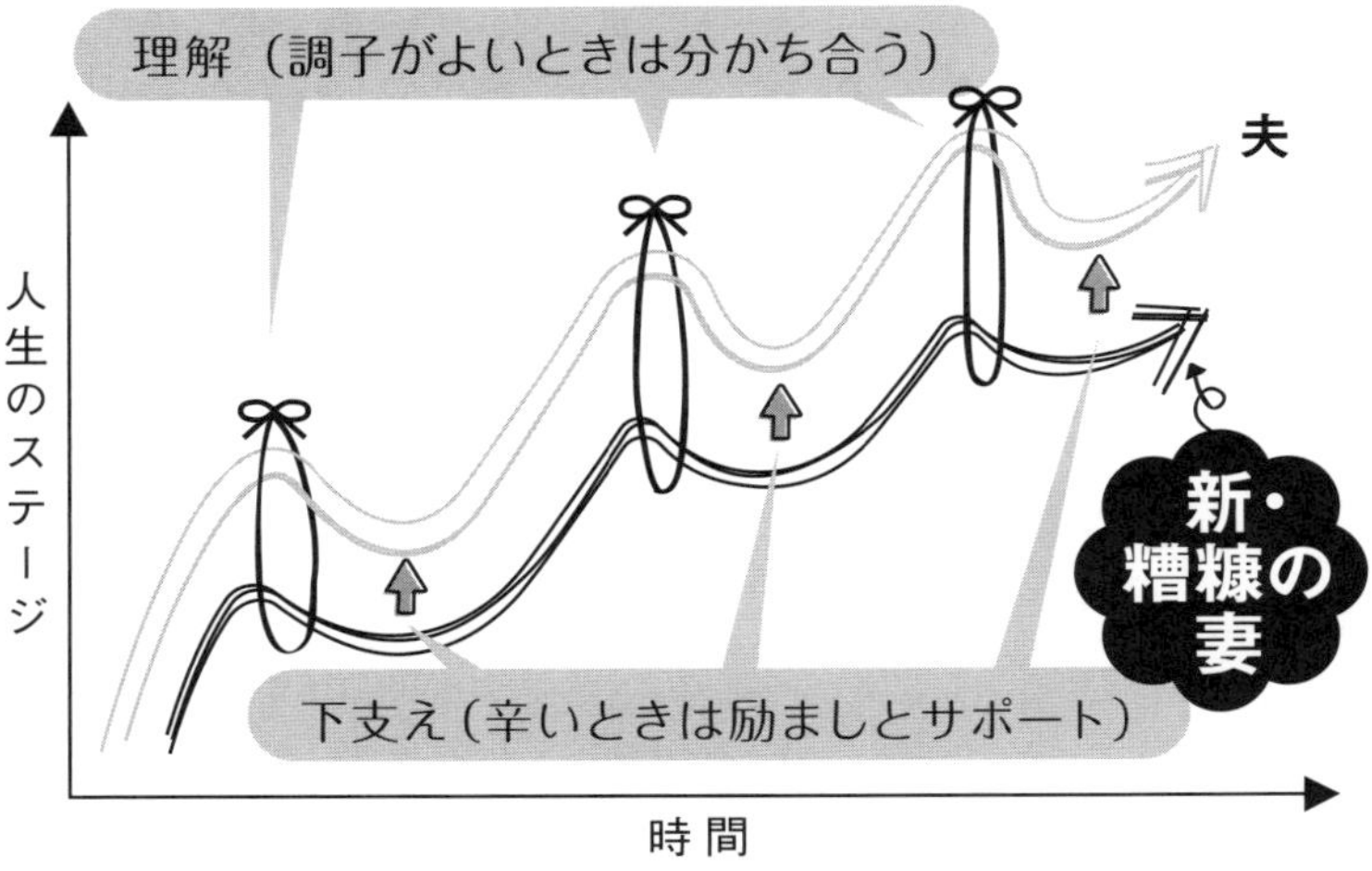

新・糟糠の妻の強みと弱点

新・糟糠の妻は、夫がうまくいっているときには、なににうまくいっているのかを理解し、喜びを分かち合う。一方、停滞したときには、夫の辛さを理解する。

たとえば、一時的に左遷されたとしても、「どんなことがあってもあなたを尊敬します」といったような励ましの言葉でサポートする。

こうして、知らない間に妻も夫とともに成長ができるようになり、お互いをわかり合える関係を維持できる。

その結果、夫が妻への不満を愛人で解消をしようとする衝動をかなりおさえることができるのだ。

新・糟糠の妻となることができれば、「めでたしめでたし！」となりそうだが、それで夫の不倫を100％防げるかというとそうではない。

不倫というのは、夫と愛人との恋愛である。妻は当事者ではない。どれだけ妻が頑張り、努力を重ねてきたとしても、夫が恋愛するときは恋愛する。

可愛くて若いモデル体型の魅惑的な女性が夫に近づいてきたとしたら……。「くたびれた体じゃなくて、ピチピチの体も味わいたい」という欲望に夫が負けてしまったとしたら……。不確定要素をあげればキリがないだろう。

どんなに安全運転をしていても後ろから追突されたら交通事故に巻き込まれるのと同じだ。これが、新・糟糠の妻の弱点ともいえる（もちろんこの弱点は新・糟糠の妻に限らないが）。

不倫そのものではなく離婚の話になると、まったく別である。離婚は夫と妻との家庭問題である。愛人は当事者ではない。

「結婚生活を送るなら妻のほうがいい」と夫が判断すれば、夫から離婚を迫ることはない。つまり、妻を捨てる危険性はなくなる。

ある意味、新・糟糠の妻はここで本領を発揮する。

新・糟糠の妻を目指すというのは、捨てられる危険性を減らすということだ。

だから、夫が不倫をしたら「許せない・別れる」というのであれば、**こちらから捨てる選択肢もある**。夫に捨てられないようにだけ生きていく必要もない。

最悪なのは、夫の不倫問題が起こったときに「無視をする」という選択肢である。

これは、不倫を「許す」ということではない。

ただ問題に向き合っていないということだ。もしも夫の不倫という問題から目をそらし続けると、不倫を許せない妻もおかしくなってしまう危険性がある。悲劇的な状況を招きかねない。

そこで実際に起こってしまった悲劇を紹介したい。

結婚生活の根底を覆すような不倫問題が起こったとき、妻が無視をしたために起こった出来事である……。

問題と向き合わない家族の悲劇的な結末

クレジットカードの明細書で夫の不倫が発覚

都内在住の専業主婦のルリコさんは、外資系企業に勤務する夫と中学受験を控えた息子ケンタくんの3人家族だった。

夫は、5年ほどアメリカで単身赴任をしている。アメリカについていかなかった理由は、息子を日本の学校に行かせたかったからだが、実はもう1つ大きな理由があった。

それは、7年前に発覚した夫の不倫だ。きっかけはクレジットカードの明細書だった。

家計の管理はルリコさんがしていた。最近クレジットカードの請求金額が多い。一体夫はなにに使っているんだろう。

夫の散らかっている書斎には、クレジットカードの明細書が無造作に置かれていた。

「封を開けてもまた糊付けして貼っておけば、気づくわけないわ」

ルリコさんはそう思って、明細書を開けることにした。すると、そこには見知らぬものがたくさん並んでいた。

女性物のバッグ、服、アクセサリー……。そんなものを夫からもらった覚えはない。ほかにもシティホテルのスイートルームもあった。日付を見ると、夫が「名古屋出張」だと言っていた日だった。

怒りの気持ちが込み上げてくる。

「許せない！」

明細書は糊付けできないほどに、握りしめた手の中でぐしゃぐしゃになっていた。

「夫は我が家のＡＴＭとして機能しさえすればいい」

「ダメ、疲れてるから」。ルリコさんは、今日も夫に背を向けた。

週に１回はあった夫婦生活がすっかりゼロになって３カ月が経過しようとしていた。

「いい加減にしてくれよぉ。なんなんだよぉ」

（なんなんだじゃないわよっ。浮気してるくせにっ！）

ルリコさんは夫の言葉を無視して寝たふりをした。

夫が不倫をしていることがわかってから、夫が汚いもののように感じていた。ほかの女を触れた手で触れないでほしかったのだ。

だからといって、離婚という選択肢はなかった。夫の年収は２０００万円を超えている。このまま自分さえ黙っていればエステ三昧の生活も送れる。息子の学費だって、どこに進学しようとも余裕で支払える。

「我が家のＡＴＭとして機能しさえすればいいのよ」。ルリコさんは、隣でいびきをかいて寝ている夫に向かってそうつぶやいた。

それから2年が経った。夫婦は一度もセックスをすることがないまま、夫の単身赴任が決まった。こうして息子と２人暮らし生活が始まった。

夫がアメリカに出発してから半年後、ルリコさんは平日の昼間、自宅に男性を連れ込むようになっていた。出会い系サイトで出会ったまだ20代の若い男性シゲルさんだった。白昼堂々自宅でというのは、目立つようでいて実はそうでもない。

マンションに暮らしているということもあり、人目に付きにくい。

彼は、いつもサラリーマンのようなスーツを着ていたこともあり、たとえ近所の人が見たとしても「営業の人かな」程度にしか思われないので印象に残りにくいのだ。

単身赴任中の夫のクレジットカードの明細書も相変わらずホテルのラウンジや、女性のアクセサリーなどが並んでいた。

明細書を見るたびにムカムカしたが、シゲルさんとセックスをすればモヤモヤした気持ちがふっとんだ。愛されているという実感をもらえるからだ。

「夫なんていらない」。彼女はセックスに溺れていった。

ルリコさんの息子ケンタくんは母の変化にうすうす気がついていた。母は若々しく、きれいになっている。本来なら嬉しいはずだが、違和感がある。

ときどき朝に着ていた服と、夕方帰ってきたときに着ている服が違うこともある。今まではこんなことはなかった。

「お母さん、昼間なにをしているんだろう」

彼の疑問はどんどん強くなっていった。

問題に向き合わない家族のなれの果て

その日は朝からひどい雨だった。ルリコさんはいつものようにシゲルさんと自宅で過ごしていた。変わっていることといえば、朝から電話が鳴り続いたことだ。セックスに夢中だったルリコさんは電話を取らなかった。

「きっといつものセールスに決まっている」と。

しかしそうではなかった。電話の相手はケンタくんだった。彼は朝から熱っぽかったが、4時間目を過ぎたころにはボーっとしてきて頭も痛くなっていた。保健室で熱を測ってもらったら38度を超えていた。

学校から家に電話を入れたが母は電話に出なかった。

「あれ、なんでお母さんいないんだろう……」。ケンタくんは仕方なく、雨の中1人で家に向かった。

雨はますますひどくなり、雷もとどろき始めた。傘がまったく役目を果たさないまま、ケンタくんはびしょびしょに濡れていた。洗濯かごに着替えを放り込もうとしたとき、見慣れない男物の下着やシャツが無造作に入っていた。

そのまま風呂場をのぞくと、まだ生暖かい熱気を感じる。

「え、なにこれ？」。ケンタくんは嫌な予感がした。もう小学校高学年である。ある程度の想像はついた。

そして変な男女の声が聞こえてくる方向に少しずつ歩いていった。

「お母さん！」

バン!! と、ケンタくんは母の寝室の扉を開けた。

この事件後、ケンタくんは学校に行かなくなった。近所の中学生たちと夜遊びをするようになり、中学受験は失敗に終わった。

結婚生活は続いている。あのとき、ルリコさんが第一声発した言葉は、「お父さんには言わないで！」だった。ケンタくんはその約束を今も守っている。

今まで勉強しろ勉強しろと口うるさかった母はこれでもう強くは出ないだろう。中学受験なんて本当はしたくなかった。友達とゲームセンターで遊びたかった。

ちょうどいい切り札をもらったと、ケンタくんは思ったからだ。

ルリコさんはどうなったのか。実はシゲルさんとの関係は継続中だ。夫も単身赴任のままで、ケンタくんは夜遅くまで家に帰ってこない。こうして、ルリコさんはラブホテルでの逢瀬を今も続けている。

「愛する」とは、「理解すること」「理解しようとすること」

ルリコさん一家は、「それぞれ好き勝手に生きる人生」という意味では全員がハッピーエンドだ。これでよければ、家族を無視して好き勝手生きればいい。

しかし、**これは家族としては最悪の形**である。なぜこんな最悪な結果になったのか。それは愛し合うことを放棄したからである。

人間は、愛されないときに渇きをおぼえる。その渇きにいつまでも耐えられない。そこで、渇きを潤すための代わりのものを求め始めてしまう。

ルリコさんの場合は、20代の若い男性シゲルさんとの不倫だったが、必ずしも不倫という形で現れるわけではない。

それがアルコールになる人もいるし、パチンコになる人もいるし、最悪にはドラッグになる人もいる。

ドラッグに溺れた人生の顛末は、昨今の芸能人を見ていれば推して知るべしだ。

愛よりも手っ取り早く手に入り、それが愛されていない渇きを紛らわすことができるとなったら、だんだん中毒性を帯びてくる。

成功男が愛人に走る動機の1つにも、妻への不満を愛人で解消するというケースを見てきた。特に、その不満が「妻に愛されない不満」だとすれば、その不倫は中毒性を帯びやすい。中毒性を帯びた愛人から「結婚してくれなきゃ別れる」と言われれば、妻を簡単に手放してしまうケースも出てくる。

私たちは日々暮らしていると忘れがちであるが、結婚は2人が愛し合うことによってスタートする。だから愛情がなければ結婚生活は、成り立たないものだ。それを絶対に忘れてはいけない。

夫を理解するのを放棄するというのは、夫を愛するのをやめるということだ。

私たちが目指すべき新・糟糠の妻は、夫を最大限理解する妻である。少なくとも、理解しようとすることをやめない妻である。

夫を愛人中毒に陥らせず、家族を守り抜く——そんな妻を私たちは目指していかなければならないのだ。

新・糟糠の妻になるために

では、新・糟糠の妻になる人とはどんな人なのか。意外なことに、家庭以外に「有益なコミュニティ」に属している女性である。

もっとわかりやすく言うと、家庭以外にも社会貢献をしているかどうかである。

仕事や、ボランティアなど、家族以外のために時間と手間を捧げていると、夫が社会でいかに頑張っているのかを気づくきっかけになる。

私の友人で、結婚後夫の財産を元手にビジネスを開始して年商1000万円以上を稼いでいる女性がいる。**仕事を始めてから、今までわからなかった夫の苦悩や大変さを心から理解できるようになった**という。同時に、夫の資産を増やしたのだ。現在、夫とは資産運用のことを話し合う機会が増えたという。

「これまでも、夫に対して、お金を運んできてくれるパートナーという意味では感謝をしていました。でも、自分が仕事を始めてみると、お客様対応などの人間関係の大変さに気づきました。自分が悪くないのに頭を下げなければならない場面にも出くわしました。

そういうとき、とても悔しい思いになりますよね。

でも、夫だってこんな理不尽な場面を職場で経験しているに違いない。そう思うと、同志のように思えますし、彼を支えなきゃという気持ちになりました」

ビジネスにせよ、ボランティアにせよ家庭を飛び出して社会貢献をしていけば、理不尽な思いをする機会に出くわす回数は増える。「やってあげているのに、感謝が足りないぞ！」と言いたくなるのをグッと我慢する。その我慢は決して気持ちのいいものではないが、夫の苦悩を理解するにはもっともよい薬なのだ。

逆に、妻が社会で成功体験を味わることによって、ともに成功を喜び合いたいという夫の気持ちも理解できる。

したがって、**新・糟糠の妻になるための最短ルートは「社会貢献をする」こと**なのだ。

家族じゃない他人のためになることをしてみることが、夫を理解することにつながる。「家族のことをもっと考えてよ」と夫を責める前に、一度社会に出てみて、社会人としての夫の働きを客観的に理解してみる。

この姿勢を持つことこそが、新・糟糠の妻への第一歩なのだ。

あとがき ～イチロー夫人にあこがれて

イチローが選んだ妻は、当時大学生の私には衝撃的だった。

1999年、当時日本野球界のスーパースターで、メジャーリーグ行きが決まっていたイチローが突如結婚会見を行った。

「どんな美女だろう」と情報番組（ワイドショー）を見つめる。そこに写っていたのは、童顔のイチローからは考えられないほど落ち着き、そして地味な女性だった。年齢はイチローより7つ年上の34歳。TBSのアナウンサーだというが、こんな人知らない。

「だれ、このおばさん？」というのが私の第一印象だった。

「地味なフリして、どんな手を使ってイチローとの結婚までこぎつけたんだろう」

イチローファンの1人だった私は弓子夫人に嫉妬心を抱いた。腹立たしいとすら感じた。ただでさえ「アメリカに行っちゃうんだ」という喪失感があるのに、まさか結婚まで……。しかも美女でもないオバサンとっ！　ムキー！

あれから20年近い月日が過ぎた。その間、イチローに関する不倫報道は何度も出た。

しかし、離婚という兆しは見られず、夫婦仲が悪化した報道はまったくなかった。それどころか、弓子夫人はイチローの要望に百点満点で応える体調管理のサポートを続けた。イチローは、メジャーリーグ史上最多安打数を達成し、ギネス記録にもなった。これは、イチローの成功ステージが上がるたびに、弓子夫人も同時にバージョンアップしてきた結果だ。

さらに、彼女はイチローの年俸を資産運用することで、さらに財産を増やし、実業家としても成功をしている。

また、弓子夫人はメジャーリーグで活躍する別の日本人選手の妻からの相談も受けているという。その様子は、さながら「アメリカの母」のようだという。

ここまで読んでお気づきの方もいると思うが、まさに弓子さんが新・糟糠の妻である。不倫報道があろうとも、わがままな食事の要求があろうとも、イチローの成長スピードに合わせて、弓子さんも体調管理の腕を上げ、妻としてバージョンアップしていく。この20年近い年月は、勉強と研究の毎日だったはずである。

成功する男に捨てられず、妻として君臨し続けるには、夫の不倫が起ころうとも受け流しつつ、夫の成功ステージに順応していく覚悟がなければいけない。

イチローは、弓子夫人以外に妻の代わりはいないと確信しているに違いない。そこまで夫に思ってもらわなければ、糟糠の妻は捨てられる危険性にさらされてしまうものなのだ。

成功する男には若い美女がわんさか集まる。中には、自分よりも性格がよかったり、家事ができたり、思いやりがあったりする女性たちもいる。ぼんやりしていたら、夫に「これからの人生、一緒に過ごすのは今の妻でいいのだろうか」と思わせてしまう。

寿命が短い時代ならいいけれども、今は男性も寿命80年時代に突入している。40代、50代での不倫ならば、夫が「人生はまだ半分もある」と考えて「新しいのにそろそろ取り替えよう」と心が動いてしまう可能性は高いといえるのだ。

こう考えると疑問がわいてくる。

成功する男性と結婚することは、幸せなことなんだろうか?

答えは「NO」だ。

本書で見てきた「糟糠の妻が捨てられる理由」を考えれば当然である。

再度確認しておこう。捨てられる理由は、彼女たちが「夫が変わっていくこと」を受け入れられなかったからだ。

夫が変わっていくことを受け入れ、自分も夫とともに変わっていく――そんな努力ができる妻こそ、捨てられない妻となることができるのだ。

大西明美　おおにし あけみ

婚活アドバイザー。2010年からクリスチャン専門の結婚相談所を経営。

20年で43000件以上の婚活＆恋愛アドバイスを実施。これまでに1000人以上の不倫カウンセリングも行う。

現在は1日20件以上の婚活メール相談や年間100人以上の直接面談による婚活アドバイスをこなしつつ、「WEBプレジデントウーマン」で働く女性向けの婚活記事を連載するなど、恋愛や婚活、不倫に関する様々な情報を積極的に発信し続けている。

著書に『となりの婚活女子は、今日も迷走中』（かんき出版）がある。

http://akemiohnishi.ciao.jp/

糟糠の妻はなぜ捨てられるのか

発　行　2016年10月3日　第1刷発行

著　者　大西明美
発行者　長坂嘉昭
発行所　株式会社プレジデント社
〒102-8641　東京都千代田区平河町2-16-1
http://www.president.co.jp/
電話：編集(03)3237-3732　販売(03)3237-3731

編　集　桂木栄一　遠藤由次郎
装　丁　ソウルデザイン（鈴木大輔・江崎輝海）
図　版　ソウルデザイン（鈴木大輔・江崎輝海）
制　作　関 結香
販　売　高橋 徹　川井田美景　森田 巌　遠藤真知子　塩島廣貴　末吉秀樹

印刷・製本　図書印刷株式会社

ISBN978-4-8334-2190-4
Printed in Japan
落丁・乱丁本はおとりかえいたします。